Dieses Buch gehört

David!

auf dass Berlin so toll wird wie London!!! Wir freuen uns total!

Meine Welt

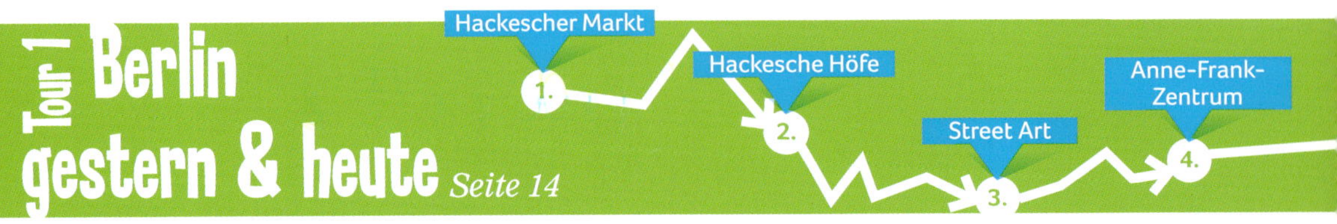

Hackescher Markt
1.
Hackesche Höfe
2.
Street Art
3.
Anne-Frank-Zentrum
4.

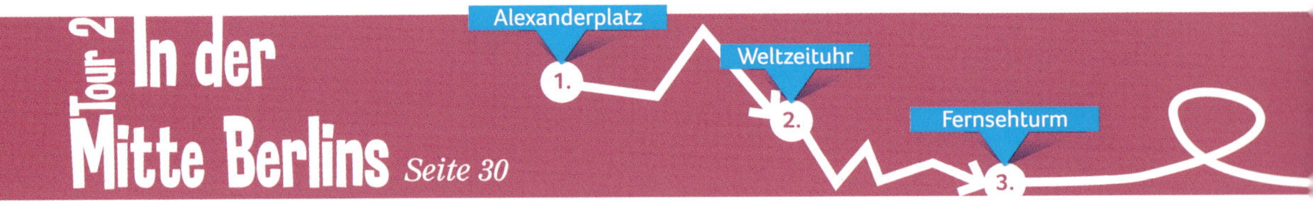

Alexanderplatz
1.
Weltzeituhr
2.
Fernsehturm
3.

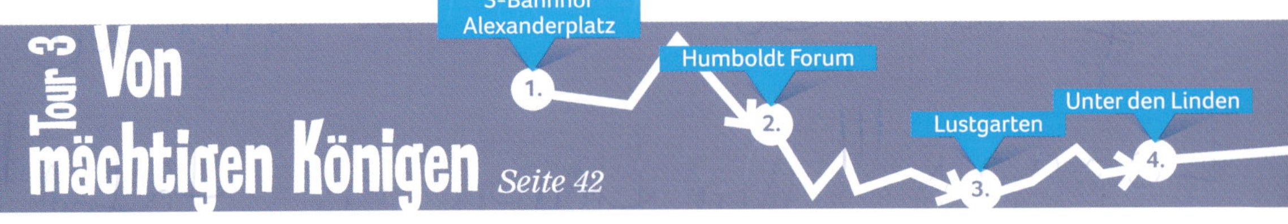

S-Bahnhof Alexanderplatz
1.
Humboldt Forum
2.
Lustgarten
3.
Unter den Linden
4.

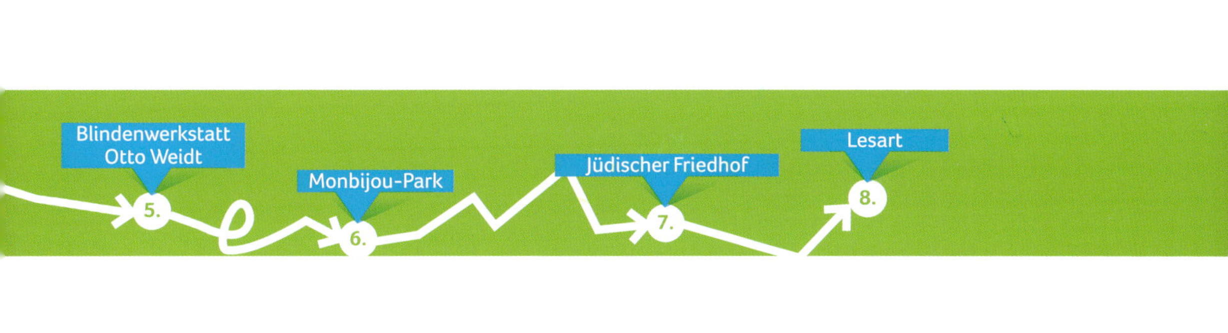
Blindenwerkstatt Otto Weidt
5.
Monbijou-Park
6.
Jüdischer Friedhof
7.
Lesart
8.

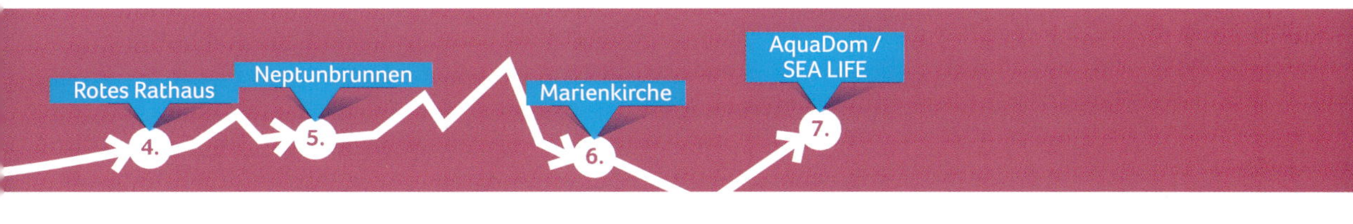
Rotes Rathaus
4.
Neptunbrunnen
5.
Marienkirche
6.
AquaDom / SEA LIFE
7.

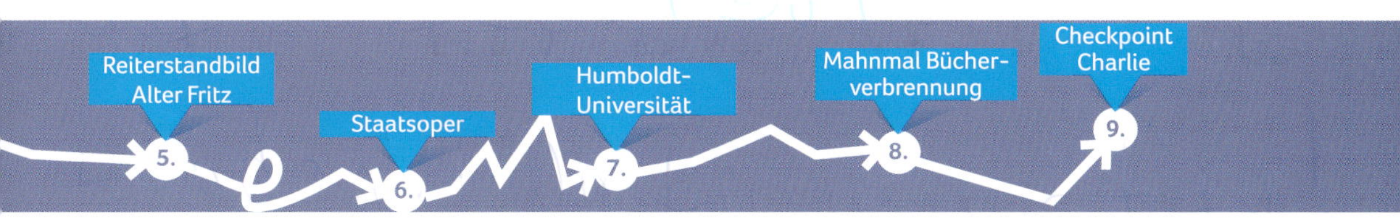
Reiterstandbild Alter Fritz
5.
Staatsoper
6.
Humboldt-Universität
7.
Mahnmal Bücher-verbrennung
8.
Checkpoint Charlie
9.

Tour 4
Krieg und Frieden
Seite 62
S-Bahnhof Brandenburger Tor
Hotel Adlon
Pariser Platz
1.
2.
3.
Tour 5
Gestern und heute
Seite 74
Pariser Platz
Holocaust Mahnmal
Potsdamer Platz
Mall of Berlin
1.
2.
3.
4.
Tour 6
Shoppen und Schauen
Seite 84
U-Bahnhof Wittenbergplatz
KaDeWe
Tauentzien
Kaiser-Wilhelm-Gedächtniskirche
1.
2.
3.
4.
Tour 7
Rund um den Nollendorfplatz
Seite 94
U-Bahnhof Nollendorfplatz
Hotel Sachsenhof
Metropol-Theater
1.
2.
3.
Tour 8
Für Sternengucker, Wasserratten
Seite 100
Treptower Park
Insel der Jugend
Restaurantschiff Klipper
Spreepark Plänterwald
1.
2.
3.
4.
Tour 9
Wasserfall & Schokolade im Kiez
Seite 110
Kreuzberg / Wasserfall
Viktoriapark
Biergarten Golgatha
Sarotti-Höfe
1.
2.
3.
4.

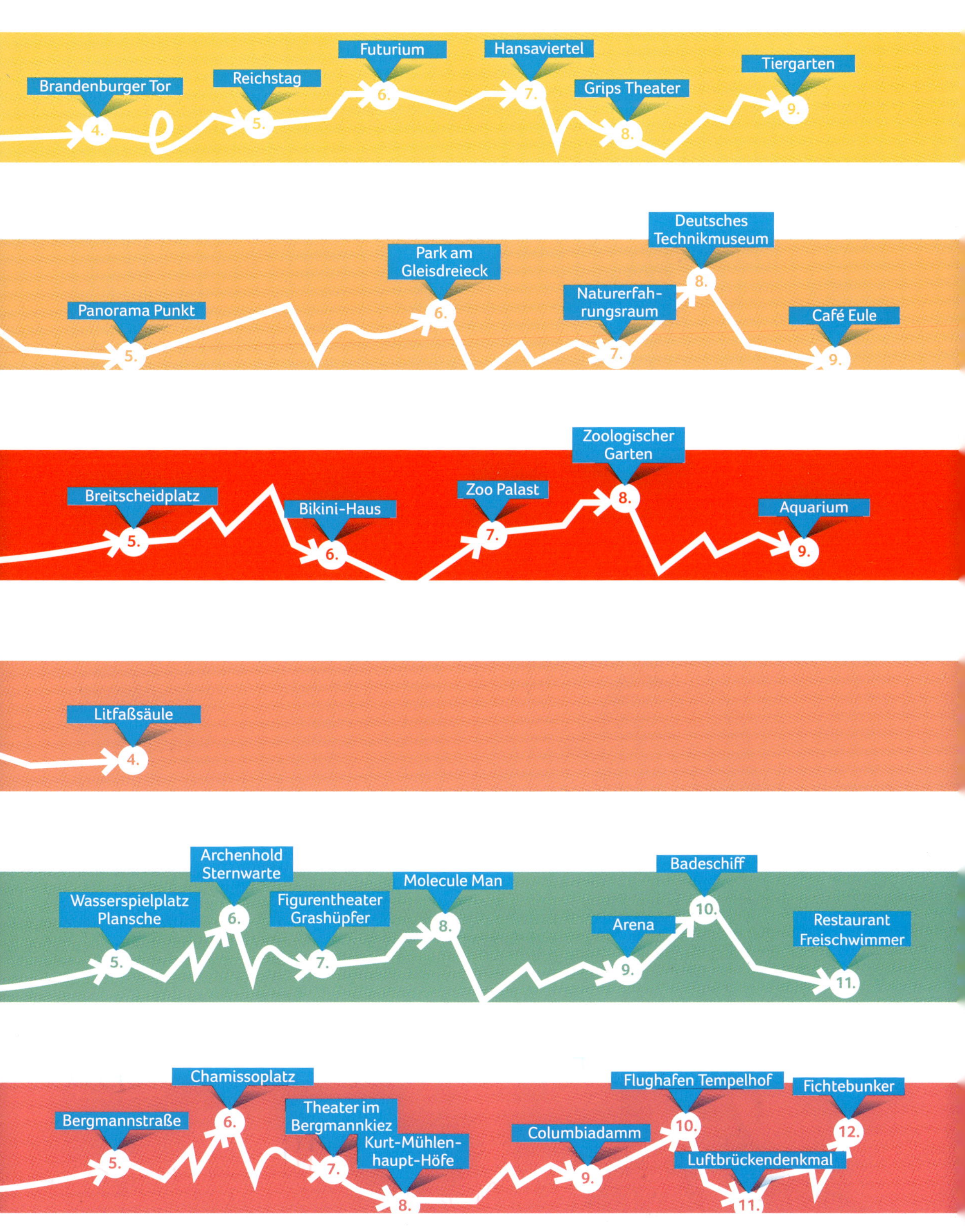

Brandenburger Tor
4.
Reichstag
5.
Futurium
6.
Hansaviertel
7.
Grips Theater
8.
Tiergarten
9.
Panorama Punkt
5.
Park am Gleisdreieck
6.
Naturerfah-rungsraum
7.
Deutsches Technikmuseum
8.
Café Eule
9.
Breitscheidplatz
5.
Bikini-Haus
6.
Zoo Palast
7.
Zoologischer Garten
8.
Aquarium
9.
Litfaßsäule
4.
Wasserspielplatz Plansche
5.
Archenhold Sternwarte
6.
Figurentheater Grashüpfer
7.
Molecule Man
8.
Arena
9.
Badeschiff
10.
Restaurant Freischwimmer
11.
Bergmannstraße
5.
Chamissoplatz
6.
Theater im Bergmannkiez
7.
Kurt-Mühlen-haupt-Höfe
8.
Columbiadamm
9.
Flughafen Tempelhof
10.
Luftbrückendenkmal
11.
Fichtebunker
12.

Schummeln verboten!

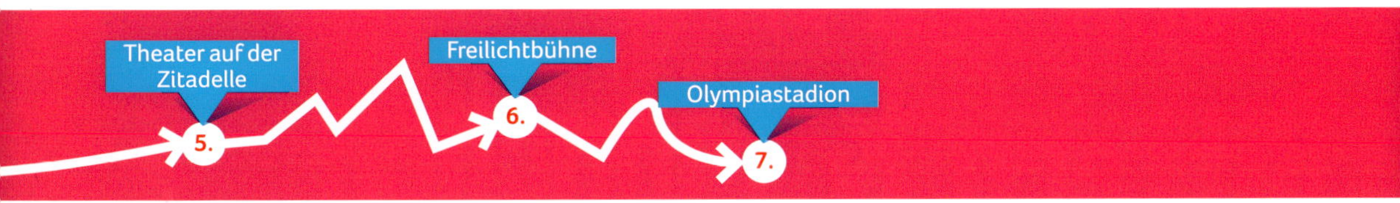

Impressum

1. Auflage, März 2020

Gestaltung & Illustration:
Dana Hellbach, basierend auf dem Konzept von Tim Klinger, meandesign.com

Herstellung:
Druckerei Friedrich Pöge, Handwerkerhof 15, 04316 Leipzig

ISBN: 978-3-9818850-5-7; Preis: 17,90 €

Printed in Germany
www.seume-verlag.de

Tour 0

Von Bären & Adlern, Rittern & Mönchen Wie Berlin entstanden ist

Hallo Leute! Ich bin die Nymphe von Berlin und ich heiße Daphne. Wie, ihr wisst nicht, was eine Nymphe ist? Eine Nymphe ist eine Beschützerin der Natur, eines Ortes, der Menschen, der Tiere und Pflanzen. Ich versuche, eure Augen für die Natur zu öffnen, und ermögliche es euch, sie zu genießen. Ich beschütze Berlin, die Natur um Berlin und alle seine Lebewesen. Daher führe ich euch durch dieses Buch. Denn nur so kann ich sichergehen, dass ihr meine Heimat kennenlernt. Ich werde euch im Verlauf des Buches einige Fragen und Aufgaben stellen – manche sind einfacher, andere etwas schwieriger. Doch die Antworten werde ich bis zum Schluss nicht verraten.
Schummeln verboten!

Berlin ist im Vergleich zu anderen deutschen Städten noch gar nicht so alt. Im Mittelalter bewohnten zwei slawische Völker das Land. Sie bauten Burgen in Brandenburg und Spandau, Potsdam und Köpenick. Westlich der Havel lebten die Heveller. Östlich davon siedelten an der Spree die Sprewaner, ungefähr dort, wo sich heute der Berliner Bezirk Köpenick befindet. In dem Gebiet dazwischen, genau da, wo heute die Stadt Berlin ist, gab es nur Sümpfe und Wälder mit wilden Tieren wie Bären und Wölfen, Adlern und Wildschweinen. In den Flüssen Spree und Havel lebten viele Fische.

Berliner Bär

Es wird erzählt, dass das Wappentier Berlins, der Bär, auf den kriegerischen askanischen Fürsten Albrecht I. von Brandenburg, auch genannt Albrecht der Bär, zurück geht. Aber ganz genau weiß keiner, wie der Bär in Berlins Wappen kam. Viele hundert Jahre lang wurde der Bär im Wappen auch zusammen mit dem Brandenburgischen Adler dargestellt. Für die Berliner ist der Bär wie ein Maskottchen.

Im Bärenzwinger am Märkischen Museum lebten von 1939 bis 2015 immer einige Exemplare des Wappentieres, die von vielen Berlinern täglich besucht wurden. Im Zoologischen Garten war der Eisbär Knut von 2006 bis 2011 die größte Attraktion. Er ist leider früh gestorben, wahrscheinlich an einem Hirnvirus. Im Berliner Tierpark wurde im Dezember 2018 wieder ein Eisbären-Baby geboren. Es heißt Hertha, so wie der Berliner Fußballverein, der die Patenschaft übernommen hat. Die Buddy-Bären sind Skulpturen, die im Rahmen eines Kunstprojektes entstanden. In Berlin findet man einige davon an ganz verschiedenen Orten. Der Hauptpreis des jährlich stattfindenden Filmfestivals *Berlinale* heißt »Goldener Bär«.

Das ist mein bester Freund.
Er heißt Buddy-Bär und er begleitet mich überall hin.
Der Buddy-Bär lebt im Wald.

Wenn ihr blaue Hervorhebungen seht, dann schaut ins Lexikon. Dies wird einige eurer Fragen beantworten.

Schon einmal waren aus dem deutschen Kaiserreich westlich der Elbe Ritter und Mönche gekommen, um das Land zwischen den Flüssen Elbe und Oder zu erobern und zu besiedeln. Im 12. Jahrhundert versuchte nun Albrecht der Bär, die Herrschaft über das Land, das man damals die Nordmark nannte, zu gewinnen. Es gelang ihm, sich mit dem slawischen Hevellerfürsten Pribislaw zu verbünden. Pribislaw hatte keine Kinder und wurde der Pate von Albrechts Sohn, Otto I.

Als Pribislaw im Jahr 1150 starb, übernahm Albrecht von ihm die Burg Brandenburg. Doch der Spreewanerfürst Jacza wehrte sich weiter gegen die Eroberer. Erst 1157 konnte Albrecht ihn besiegen. Bei den Kämpfen ging es um Macht und Einfluss, aber auch um die »richtige« Religion. Die neuen Bewohner waren Christen, die Slawen verehrten andere Götter.

Schildhorn

Im Jahre 1157 soll der Fürst Jacza, einer Sage nach, auf der Flucht vor Albrecht dem Bären in die Havel gesprungen und beinahe ertrunken sein. Im Wasser rief er den christlichen Gott um Hilfe an und versprach, ihn zu verehren, wenn er gerettet würde. Als er tatsächlich lebend ans andere Ufer kam, legte er Schild und Speer dort ab und bekannte sich zum Christentum. Die Landzunge an der Havel heißt seitdem Schildhorn. Heute findest du hier auf einem Hügel am Wasser eine Säule mit einem Schild. Das ist das Jacza-Denkmal. Unten an der Havel gibt es einen schönen Waldspielplatz.

Albrecht der Bär gilt als Gründer der *Mark Brandenburg* und wurde als Albrecht I. der erste Markgraf von Brandenburg. Er holte viele rheinische, flämische und holländische Siedler ins Land. Ende des 12. Jahrhunderts wurden in der *Mark Brandenburg* auf dem Gebiet des heutigen Berlins rechts und links der Spree zwei Städte gegründet: Cölln und Berlin.

Die beiden Städte Cölln und Berlin entwickelten sich zu einem Handelsplatz, wo Waren gelagert, verkauft und verschickt wurden. Hier trafen sich Straßen und Flüsse aus Ost und West. Die Bürger der Doppelstadt halfen sich gegenseitig, wenn Räuber die Städte bedrohten und verbündeten sich gegen die mächtigen brandenburgischen Fürsten. Gemeinsame Sitzungen fanden im Rathaus auf der »Langen Brücke« statt, die beide Städte miteinander verband.

Markt und Kirchen

In der Doppelstadt Berlin-Cölln gab es große Märkte, auf denen z.B. heimische Fische aus den Flüssen und Fische aus der nicht allzu weit gelegenen Ostsee gehandelt wurden. Außerdem wurden Stoffe aus Flandern angeboten, Holz und Getreide aus der Umgebung und sogar Wein und Gewürze von weit her. Beide Städte hatten im Zentrum je eine Kirche: Die Petri-Kirche stand in Cölln, die Nikolai-Kirche in Berlin. Die Nikolai-Kirche kann man heute immer noch besuchen. Sie wurde allerdings im *Zweiten Weltkrieg* stark beschädigt und erst 30 Jahre nach dem Ende des Krieges wiederaufgebaut.

Kurfürst Friedrich II. legte im Jahr 1443 in Cölln den Grundstein für eine Burg, in der er residieren wollte. Anstelle der Zitadelle Spandau wurde nun die Doppelstadt Berlin-Cölln der Sitz des *Kurfürsten,* der die umliegende *Mark Brandenburg* von hier aus regierte. Die Berliner Stadtbürger verloren einige ihrer Rechte und viel von ihrer Selbstständigkeit. Andererseits zog der mächtige *Kurfürst* mit seinem Hof auch viele Menschen in die Stadt. Das war also der Anfang Berlins als eine Art Hauptstadt, die immer wichtiger und größer wurde.

Tour 1 Berlin gestern & heute Jüdische Geschichte, Street Art & Ampelmännchen

1 Hackescher Markt
2 Hackesche Höfe
3 Street Art
4 Anne-Frank-Zentrum
5 Blindenwerkstatt Otto Weidt
6 Monbijou-Park
7 Jüdischer Friedhof
8 Lesart

Geschichte, Kunst und eine Shoppingtour ermöglichen dir Spaß pur.

Hackescher Markt

Der S-Bahnhof Hackescher Markt ist einer der ältesten erhaltenen Bahnhöfe der Stadt Berlin. Wenn du aus dem Bahnhof trittst, stehst du auf einem Platz, der von vielen Restaurants und alten Häusern gesäumt ist: dem Hackeschen Markt. Hier findet zweimal in der Woche auch ein richtiger Markt statt, auf dem Obst, Gemüse und Blumen, aber auch selbst getöpferte oder genähte Sachen angeboten werden. An einigen Ständen kannst du Köstlichkeiten zum Essen aus aller Welt kaufen.

Viel Verkehr

Der Hackesche Markt liegt zentral mitten in Berlin. Von hier aus kommst du gut weiter: Hier treffen sich vier Straßenbahnlinien aus drei verschiedenen Richtungen, die Linien M1, M4, M5, M6. Nur am Alexanderplatz gibt es noch mehr Straßenbahnen, auch Trams genannt. Die vielen Trams kommen aus einem bestimmten Grund. Am Hackeschen Markt gibt es eine Wendeschleife, auf dem die großen ungelenkigen Fahrzeuge die Richtung ändern können. Außerdem saust die S-Bahn Tag und Nacht heran. In der Zeit, als die S-Bahn und die Straßenbahn erfunden und eingerichtet wurden, wuchs Berlin sehr schnell von einer mittleren zu einer richtigen Großstadt. Die Zeit zwischen 1850 und 1900 nennt man deshalb auch die *Gründerzeit.* Der S-Bahnhof wurde 1882 erbaut und steht heute unter *Denkmalschutz.* Die große Halle, in der die S-Bahnen halten, ist aus schönen Backsteinen gemauert. Busse halten am Hackeschen Markt tagsüber nicht, dafür aber in der Nacht: Sechs Nachtbusse bringen die Touristen zum Platz mit den vielen Restaurants und wieder nach Hause.

Auf dem Gelände des Hackeschen Marktes befand sich ursprünglich einmal Sumpfland, also eine große, ziemlich matschige Fläche. Graf Hans Christoph Friedrich von Hacke ließ im Auftrag des preußischen Königs im Jahr 1750 das Land trockenlegen und den Platz anlegen. Nach dem Grafen von Hacke ist der Platz benannt: Hackescher Markt.

Hackesche Höfe

Die Hackeschen Höfe wurden 1906 eröffnet, im Krieg aber teilweise zerstört; sie verfielen zu *DDR*-Zeiten. In den Jahren nach der sogenannten *»Wende«* sind sie wieder ganz neu und schick gemacht worden. Heute stehen sie unter *Denkmalschutz.* Wenn du vom Hackeschen Markt auf sie zuläufst, siehst du schon die prächtige, abends auch beleuchtete Fassade. Insgesamt gibt es acht Höfe hintereinander mit Geschäften, Restaurants, Kinos, Varietès und Wohnungen. Im ersten großen Hof findest du besondere Fliesen an den Wänden: Lege mal den Kopf in den Nacken und schau bis nach oben hoch. Durch die Anordnung der Fenster und durch die verschieden gestalteten Fassaden entsteht der Eindruck, als ob hier mehrere Häuser einen öffentlichen Platz umstehen.

Finde die Wendeschleife der Straßenbahn!

Woher kommt der Begriff »Tram«?

In den Hackeschen Höfen findest du z.B. ein Geschäft mit vielen Geschenkartikeln zum beliebten Ampelmann oder leckere Süßigkeiten des traditionsreichen Berliner Schokoladen-Herstellers Sawade.

Im 7. Hof gibt es einen besonderen Spielzeugladen und im 5. Hof einen großen alten Baum mit vielen dicken Wurzeln und einer kreisrunden Sandfläche und Bänken drum herum – Platz zum Ausruhen oder Spielen.

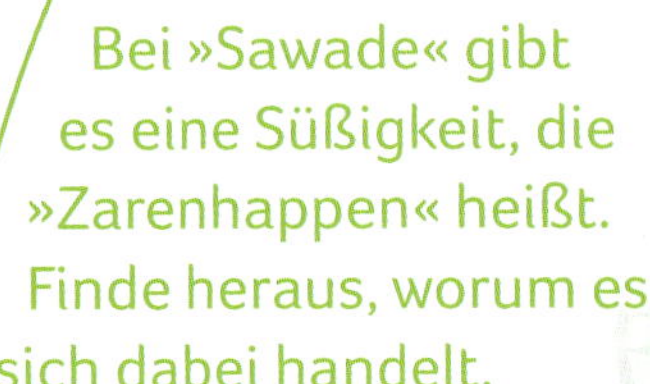

Bei »Sawade« gibt es eine Süßigkeit, die »Zarenhappen« heißt. Finde heraus, worum es sich dabei handelt.

An der Fassade des Restaurants »Hackescher Hof« an der Rosenthaler Straße gibt es ein für Berlin wichtiges Symbol, das mit Verkehr zu tun hat. Findest du es?

Im 3. Hof befindet sich ein Geschäft der Königlichen Porzellan-Manufaktur (KPM). In dem Hof findest du auch eine Büste einer berühmten Persönlichkeit der preußischen Geschichte. Wer ist es?

Aufgang 1
ESTÉE LAUDER COMPANIES

Ampelmann

Rot: Stehen, Grün: Gehen!
Als der Autoverkehr in den Großstädten immer mehr zunahm, mussten irgendwann Ampeln eingeführt werden, um den Verkehr zu regeln. Die Ampeln gaben zuerst nur den Autos das Signal: Anhalten oder Fahren. 1957 wurde die erste Fußgängerampel in Berlin aufgestellt. Allerdings waren die Männchen darauf so dünn, dass sie bei Sonnenlicht nicht gut zu erkennen waren. Deshalb schlug Karl Peglau, der leitende Verkehrspsychologe der *DDR,* eine neue Fußgängerampel vor, vor allem für Kinder und ältere Menschen, die viel zu Fuß gehen: Ein grünes Männchen, das geht, und ein rotes Männchen, das steht. Schön dick und kräftig, damit jeder es gut sehen kann.

1961 wurde die erste Ampel mit Ampelmann in *Ost-Berlin* aufgestellt. Auch in Filmen für Verkehrserziehung tauchten die markanten Ampelmänner auf. Jedes Kind kannte sie! Nach der *Wiedervereinigung* von *Ost- und West-Deutschland* sollten die Ampeln im Ostteil der Stadt durch die Symbole aus *West-Berlin* ersetzt werden. Dagegen haben viele Menschen protestiert. Der Ost-Ampelmann setzte sich durch. Inzwischen ist er überall in Berlin auf den Ampeln zu sehen. Und als Spielzeug ist er zu einem beliebten Mitbringsel geworden.

Street Art

Wenn du die Hackeschen Höfe durchquert hast, landest du auf der Sophienstraße. Links siehst du die Sophienkirche. Das Geld für den Bau der Kirche hat vor 300 Jahren die preußische Königin Sophie Luise gestiftet. Wenn du dich rechts hältst, kommst du auf die Rosenthaler Straße zurück. Bei der Hausnummer 39 gelangst du durch einen offenen Durchgang in mehrere Hinterhöfe. Dieser ganze Komplex heißt Haus Schwarzenberg. Hier sieht Berlin noch ganz alt aus.

An den Wänden findest du viele *Street Art*-Bilder von zum Teil berühmten Künstlern. Häufig gelten ja Graffiti-Schriftzüge und Bilder an Hauswänden als Schmierereien. Hier sind sie erlaubt und zum Teil sogar in Auftrag gegeben worden. Allerdings werden die Bilder immer mal wieder übermalt und durch neue ersetzt. Es gibt viel zu entdecken! Schau dich um…

Finde die zwei kleinen springenden Delphine im Meer!

Anne-Frank-Zentrum

Besonders schön ist das große Bild von *Anne Frank* am Eingang zum Anne-Frank-Zentrum, das der australische *Street Art-*Künstler Jimmy C. 2012 extra für diesen Hof nach einem Foto geschaffen hat. Das Mädchen *Anne Frank* war Jüdin und lebte in den 30er und 40er Jahren des 20. Jahrhunderts in Amsterdam. Aber weil in diesem Viertel von Berlin viele *Juden* lebten, die zur Zeit des *Zweiten Weltkriegs* von den *Nationalsozialisten* verfolgt wurden, ist hier auch eine Erinnerungsstätte für *Anne Frank* eingerichtet.

Die Ausstellung »Alles über Anne« wurde 2018 erneuert und ist die einzige Ausstellung in Berlin zur Geschichte des *Nationalsozialismus,* die sich direkt an Kinder, Jugendliche und Familien richtet. Erzählt wird die Lebensgeschichte *Anne Franks*, die wir vor allem aus ihren berühmten Tagebüchern kennen. Außerdem informiert die Ausstellung über die Zeit, in der sie gelebt hat.

Blindenwerkstatt Otto Weidt

Im ersten Hof befindet sich der Eingang zur ehemaligen »Blindenwerkstatt Otto Weidt«. Hier beschäftigte der Kleinfabrikant Otto Weidt in seiner Bürstenwerkstatt während des *Zweiten Weltkriegs* hauptsächlich blinde und gehörlose *Juden.*

Seine Arbeiter stellten Besen und Bürsten her und waren in ständiger Gefahr, von der Polizei abgeholt und in sogenannte Arbeits- oder *Konzentrationslager* gebracht zu werden. In diesen Lagern lebten die Menschen unter schrecklichen Bedingungen, viele wurden umgebracht. Otto Weidt versuchte verzweifelt, seine Arbeiter davor zu bewahren und sie zu retten.

Er besorgte ihnen gefälschte Ausweise und versteckte sie im Hinterzimmer der Werkstatt. Heute ist in den Originalräumen ein Museum untergebracht. Anhand von Briefen und Fotografien wird die Geschichte der Menschen erzählt, die hier früher gearbeitet haben. Auch die alten Arbeitsplätze kannst du dir ansehen. Das Museum »Blindenwerkstatt Otto Weidt« organisiert für Schulklassen eine Spurensuche: Schüler von Klasse 4 bis 6 können das Viertel rund um den Hackeschen Markt erkunden und die Spuren des jüdischen Lebens dort entdecken.

»Ab heute heißt du Sara«

Die Journalistin und Schriftstellerin Inge Deutschkron erzählt in ihrem autobiografischen Roman »Ich trug den gelben Stern« von ihrer Arbeit im Büro der Blindenwerkstatt und ihren Erfahrungen mit »Papa Weidt«. Inge Deutschkron war zur Zeit des *Nationalsozialismus* ein junges jüdisches Mädchen und musste sich während des Krieges in Berlin immer wieder mit ihrer Mutter zusammen verstecken. Viele Menschen begegneten ihr mit Misstrauen, viele haben ihr aber auch geholfen. Anders als die meisten jüdischen Bürger von Berlin konnte sie so den Krieg überleben. Über dieses unglaubliche Schicksal hat Volker Ludwig ein Theaterstück geschrieben, das seit 1989 immer wieder im Grips-Theater aufgeführt wird. Es heißt »Ab heute heißt du Sara«.

Monbijou-Park

Von der Rosenthaler Straße geht rechts die Oranienburger Straße ab. Hier haben sich viele Boutiquen mit hippen Klamotten angesiedelt. Und die Straßenbahn rumpelt durch die hier noch enge Straße. Links zur Spree hinunter liegt der Monbijou-Park.

»Monbijou« ist französisch und bedeutet »Mein Schmuckstück«. Der Park heißt so, weil hier einst ein Stadtschloss mit demselben Namen stand. Es wurde im *Zweiten Weltkrieg* stark beschädigt und 1959 abgerissen. In dem kleinen, schönen und zentral gelegenen Stadtpark gibt es ein Freibad für Kinder und einen großen Spielplatz. Hier kannst du dich ein bisschen austoben nach dem anstrengenden Stadtrundgang. Vom Ufer der Spree schaust du auf die berühmte Museumsinsel mit den bedeutendsten Museen Berlins. Gegenüber vom Monbijou-Park geht rechts die Große Hamburger Straße von der Oranienburger Straße ab.

Jüdischer Friedhof

An einem Platz vor dem ehemaligen Jüdischen Friedhof findest du eine Skulpturen-Gruppe mit nicht ganz lebensgroßen Figuren. Sie soll daran erinnern, dass von hier aus viele jüdische Menschen in die *Konzentrationslager* verschleppt wurden. Um die Figurengruppe vor dem Friedhof sind von den Besuchern viele Steine gelegt worden, manche Steine liegen sogar auf den Köpfen der Figuren. Das ist eine alte jüdische Sitte. Man kann so zeigen, dass man die Toten besucht hat und an sie denkt.

Stolpersteine

Wenn du aufmerksam durch die Straßen Berlins gehst und auch auf den Boden schaust, fallen dir vielleicht die quadratischen, glänzenden Steine aus Messing auf, die in den Fußweg eingelassen sind. Auf ihnen stehen die Namen ehemaliger Bewohner der Häuser. Aus den Namen und Jahreszahlen kannst du manchmal eine ganze Familie zusammensetzen. Diese jüdischen Menschen haben hier gelebt und gearbeitet.

Sie sind in diesen Häusern aufgewachsen, in diesem Viertel zur Schule und einkaufen gegangen, bis sie von den *Nationalsozialisten* festgenommen und weggebracht wurden. Die Stolpersteine sollen die heutigen Bewohner und Besucher der Stadt an diese Menschen erinnern. Auch für Sinti und Roma und andere Opfer gibt es Stolpersteine. Die Stolpersteine waren eine Idee des Künstlers Günter Demnig.

Von der Großen Hamburger Straße biegst du rechts in die Sophienstraße ein. Du gehst an der schon erwähnten Sophienkirche vorbei und biegst bei der Hausnummer 21 links ab in die Sophien-Gips-Höfe. Im zweiten Hof kannst du in einem Café mit Cheesecake und Brownies Pause machen: Das »Barcomi's Deli« gehört der amerikanischstämmigen Bäckerin Cynthia Barcomi. Die Höfe führen dich auf die Gipsstraße. Nun wendest du dich wieder nach rechts, gehst die Gipsstraße mit ihren kleinen Geschäften entlang, überquerst die Rosenthaler Straße und kommst in die Weinmeisterstraße. Im Haus Weinmeisterstraße Nr. 5 befindet sich das Zentrum für Kinder- und Jugendliteratur »Lesart«.

Lesart

Ein Haus hat viele Bewohner. Vor allem ein altes Haus. Das Haus in der Weinmeisterstraße Nr. 5 ist über 150 Jahre alt. Das Grundstück lag lange vor den Stadtmauern Berlins. Es gehörte zum sogenannten »Scheunenviertel«.

Die Stadtbewohner hatten Angst vor einem Brand. Im Mittelalter vernichteten große Brände manchmal ganze Stadtviertel. Aus Holz gebaute Scheunen waren leicht entzündlich und stellten eine große Brandgefahr dar. Deshalb hatten die Berliner die zur Lagerung notwendigen Scheunen vor die Tore der Stadt verbannt. Im 19. Jahrhundert wuchs die Stadt Berlin schnell. Arbeitsplätze entstanden, Wohnungen wurden gebraucht. In alten Akten kann man heute nachlesen, dass das Grundstück Weinmeisterstraße Nr. 5 zwischen 1809 und 1860 vier Mal verkauft wurde und jedes Mal verdoppelte sich der Kaufpreis fast. Ein Haus wurde auf dem Grundstück aber erst im Jahr 1861 gebaut. Zuerst wohnten hier Handwerker und Kaufleute.

Mit der Zeit entstanden in dem Viertel rund um die Weinmeisterstraße viele Kneipen, Theater und Varietés. Nun hatten die Bewohner der Weinmeisterstraße Nr. 5 andere Berufe: Illuminateur (Beleuchter), Theatermeister oder Aufwärterin (Ankleiderin). Zeitweise haben wahrscheinlich bis zu 60 oder 80 Menschen in diesem eng gebauten Haus gewohnt. Als die *Nationalsozialisten* in den 30er Jahren des 20. Jahrhunderts an die Macht kamen, wurde die jüdische Hausbesitzerin Marie Levy und ihre Familie enteignet. Das Haus wurde im *Zweiten Weltkrieg* stark zerstört und später wiederaufgebaut. Zu *DDR*-Zeiten wohnten hier gehörlose Kinder in einem Internat.

Im Jahr 1993 wurde das Zentrum für Kinder- und Jugendliteratur »Lesart« im Haus Weinmeisterstraße Nr. 5 eröffnet. Die Veranstaltungen reichen heute von Workshops wie »A wie Alphabet«, in dem jüngere Kinder mit Sprachspielen und Bildergeschichten beim Lesen lernen unterstützt werden, bis hin zu Lesenächten für Kinder zwischen 11 und 13 mit einem Ausflug in die nächtliche Stadt. Regelmäßig gibt es auch Ausstellungen: Sie zeigen Buchillustrationen, präsentieren Poesie für Kinder oder greifen ein geschichtliches Thema auf. In interaktiven Führungen werden die Kinder miteinbezogen: Die Weinmeisterstraße Nr. 5 ist heute nicht nur ein Haus für Bücher, sondern vor allem ein Haus für Kinder und Jugendliche.

Eine Besonderheit hatte der U-Bahnhof Weinmeisterstraße zu der Zeit, als Deutschland in zwei Teile getrennt war. Die U 8 fuhr vom 13. August 1961 bis zum 1. Juli 1990 ohne Halt durch den U-Bahnhof Weinmeisterstraße. Es war ein sogenannter »Geisterbahnhof«. Die U-Bahn wurde damals von der *West-Berliner* BVG betrieben und fuhr ohne anzuhalten durch alle *Ost-Berliner* Bahnhöfe.

Was ist ein Weinmeister?

Tour 2

In der Mitte Berlins
Vom höchsten Turm zur ältesten Kirche

Blubb…blubb…blubb!
Wir begeben uns auf
Neptuns Spuren. Blubb…

1 Alexanderplatz
2 Weltzeituhr
3 Fernsehturm
4 Rotes Rathaus
5 Neptunbrunnen
6 Marienkirche
7 AquaDom / SEA LIFE

Alexanderplatz

Woher hat der große, bekannte Platz mitten in Berlin seinen Namen? Er ist nach dem russischen Zar Alexander benannt, der im Jahr 1805 Berlin besuchte. Aber das ist mehr oder weniger in Vergessenheit geraten. Auch dass hier vor 200 Jahren Soldaten zur Parade aufmarschierten, kannst du dir wahrscheinlich nur noch schwer vorstellen.

Wenn du heute vom S-Bahnhof kommst und den Alexanderplatz betrittst, siehst du viele hohe und moderne Gebäude – Kaufhäuser, Technikmärkte, Hotels. Die *DDR*-Regierung ließ in den 60er Jahren viele alte Häuser abreißen und eine Fußgängerzone anlegen. Nur die Straßenbahn fährt jetzt noch quer über den Platz.

Früher verkauften die Marktfrauen auf dem Alexanderplatz Fisch, die Bauern breiteten ihr Gemüse und Obst aus, Wasserträger schleppten den Bürgern das Wasser vom Brunnen nach Hause. Scherenschleifer sorgten mit ihrer Arbeit dafür, dass Messer und Scheren wieder scharf schneiden konnten. Lumpenhändler, die alte und gebrauchte Sachen anboten, wurden »Plundermatzen« genannt. Tagelöhner standen an den Straßenecken herum und hofften auf eine kurzfristige Arbeit.

Viele Menschen kamen hier täglich zusammen. Wenn sie es eilig hatten weiterzukommen, konnten sie sich schon seit 1847 jede Viertelstunde mit einem Pferdeomnibus zum Potsdamer Platz kutschieren lassen. Zum Ende des *Zweiten Weltkrieges* gab es auf dem Alexanderplatz heftige Kämpfe zwischen russischen und deutschen Soldaten und ein großer Teil der alten Häuser wurde zerstört.

Eckensteher Nante

Berühmt als sogenanntes »Berliner Original« wurde im 19. Jahrhundert der Eckensteher Nante. Mit einem Tragegurt wartete er auf Kunden, die schwere Lasten zu transportieren hatte. Einkäufe oder Gepäckstücke schleppte er für einen kleinen Lohn zu ihnen nach Hause. Die verdienten Münzen soll er meistens in einer nahegelegenen Kneipe gleich wieder für Schnaps ausgegeben haben. Nante hatte viel Witz, sprach *Berliner Dialekt* und ließ sich nichts gefallen. So wie die »waschechten« Berliner heute auch noch.

Lied des Eckenstehers Nante

»Det beste Leben hab ick doch,
ick kann mir nich beklagen,
pfeift ooch der Wind durchs Ärmelloch,
det will ick schon verdragen.
Det Morgens, wenn mir hungern tut,
ess ick ne Butterstulle,
dazu schmeckt mir der Kümmel jut
aus meine volle Pulle.«

Weltzeituhr

Sie ist 16 Tonnen schwer und 10 Meter hoch – ein technisches Meisterwerk. Sie besteht aus einem Zylinder, der auf einer Säule steht. Oben ist ein einfaches Modell unseres Sonnensystems angebracht. Aber was soll man mit dem großen Ding bloß anfangen? Für die Berliner ist sie ein beliebter Treffpunkt: »Wir treffen uns an der Weltzeituhr!« Da verpasst man sich garantiert nicht. Tatsächlich kann man auf der Weltzeituhr, wie der Name sagt, ablesen, wie spät es jeweils in einem anderen Land der Erde ist.

Wusstest du, dass es 24 verschiedene Zeitzonen auf der Welt gibt? Die 24 Ecken der Uhr stellen diese Zeitzonen dar. Auf den Aluminiumplatten sind die Namen der wichtigsten Städte der Welt aufgeführt. Ein wenig seltsam ist es, dass ausgerechnet in der *DDR* eine solche Uhr gebaut wurde. Deren Bürger durften in viele Städte, die dort aufgeführt sind, gar nicht reisen. Vielleicht hatten die Menschen trotzdem die Sehnsucht, dorthin zu kommen... Seit 2015 steht die Uhr unter *Denkmalschutz.*

Wie nannte man die Menschen, die herumstanden und darauf hofften, kurzfristig einen kleinen Job zu bekommen?

Wie nennt man in Berlin ein Butterbrot?

Suche die Stadt Berlin auf der Weltzeituhr.

Wie viele Städte sind in dieser Zeitzone eingetragen?

Fernsehturm

Auf der anderen Seite des S-Bahnhofes Alexanderplatz findest du den Fernsehturm, den du natürlich schon lange von Weitem entdeckt hast. Er ist mit 368 Metern das höchste Gebäude Deutschlands. Über den Turm wird das Radio- und Fernsehprogramm ausgestrahlt. In *West-Berlin* gibt es schon seit vor dem *Zweiten Weltkrieg* einen ähnlichen Turm, den »Funkturm«. Der »Berliner Fernsehturm« in *Ost-Berlin* wurde 1969 eingeweiht und ist mehr als doppelt so hoch wie dieser! Er wurde in der sogenannten »Kletterbauweise« von innen nach außen errichtet. In der Mitte wand sich ein Stahlgerüst immer höher, außen wurden Betonplatten befestigt. In 200 Meter Höhe wurde die weithin sichtbare Kugel angebracht. Sie sollte an die sowjetischen Sputnik-Satelliten erinnern, die zu Beginn des Raumfahrtzeitalters durch das Weltall flogen. Mit dem Aufzug kannst du hochsausen bis zur Höhe von 203 Metern. Bei gutem Wetter siehst du von der Aussichtsplattform fast 80 Kilometer weit. Das darüberliegende Restaurant dreht sich in einer Stunde einmal um die eigene Achse.

Leider ist der Eintritt zum Fernsehturm nicht ganz billig. Es empfiehlt sich, die Tickets im Internet vorzubestellen. Sonst kannst du Pech haben und musst lange in der Schlange von Besuchern warten.

Die Rathausstraße führt vom S-Bahnhof natürlich in Richtung Berliner Rathaus. Es wird das »Rote Rathaus« genannt, nach den roten Ziegelsteinen der Fassade. Als Berlin in der Zeit nach dem *Zweiten Weltkrieg* eine geteilte Stadt war, tagte die *Ost-Berliner* Regierung, genannt Magistrat, im Roten Rathaus, die *West-Berliner* Regierung dagegen, genannt Senat, auf der anderen Seite der Mauer (s. Tour 3, Checkpoint Charlie) im Rathaus Schöneberg. Seit 1991 gibt es wieder eine gemeinsame Regierung für ganz Berlin.

Wie nannten die Bürger ihren langjährigen Bürgermeister Klaus Wowereit?

Wie hießen die sowjetischen Satelliten?

Rotes Rathaus

Der Chef des Berliner Senats heißt: »Regierender Bürgermeister« (im Unterschied zu den Bürgermeistern oder Bürgermeisterinnen, die den 12 Berliner Bezirken vorstehen). Sein Amtssitz ist das Rote Rathaus. Er ist ziemlich wichtig, weil Berlin so eine große Stadt und zugleich ein Land der *Bundesrepublik Deutschland* ist. Berlin hat viele Probleme. Wenn z.B. der große neue Flughafen in Schönefeld erst viele Jahre später fertig gebaut wird als geplant, wenn es in Berlin nicht genug Wohnungen für alle Menschen gibt oder wenn die Schulgebäude schon lange kaputt sind – für all das muss am Ende der Regierende Bürgermeister mit seinem Senat die Verantwortung übernehmen.

Von 2001 bis 2014 hatte Berlin einen Bürgermeister, der im ganzen Land bekannt war. Das lag daran, dass er so freche Sprüche auf Lager hatte. Klaus Wowereit wurde von den Berlinern »Wowi« genannt und sagte z.B.: »Berlin ist arm, aber sexy.« Außerdem traute er sich öffentlich zu sagen, dass er mit einem anderen Mann zusammenlebte: »Ich bin schwul und das ist gut so.« Viele Menschen in der Stadt mochten ihn wegen seiner Offenheit.

Bowlingcenter am Alex

Falls es dir auf dem kurzen Spaziergang vom Fernsehturm zum Roten Rathaus langweilig wird, kannst du deine Freunde vielleicht zu einer Partie Bowling überreden. Das Bowlingcenter am Alexanderplatz wurde 1971 eröffnet und war das erste Bowlingcenter in der *DDR.* Alle Bowling-Techniker für das ganze Land wurden hier ausgebildet. Und so wurden die Gäste begrüßt:

»Wir begrüßen Sie im Bowling-Zentrum der VE Gaststätten- und Hotelorganisation ›Berolina‹ (HO) Berlin und wünschen Ihnen einen angenehmen Aufenthalt sowie vergnügliche und erholsame Stunden! Das Kollektiv der Gaststätte Bowling- Zentrum«

Heutzutage kannst du auf 18 Bahnen die Kugeln schieben und es gibt ein angeschlossenes Restaurant mit 70 Plätzen.

Direkt neben der Bowlingbahn befindet sich ein riesiges Kostümgeschäft: »Deiters – Karneval, Kostüme und Trachten«. Ob Drache, Seepferdchen, Clown oder Vampir – in dem Kostümgeschäft kannst du dich das ganze Jahr über einkleiden und verkleiden. Es gibt auch Gruppenkostüme oder welche für die ganze Familie! Du bekommst Masken, Zubehör, Schminke für Erwachsene und Kinder in großer Auswahl. Für Karneval oder Halloween kannst du hier bestens vorsorgen.

Neptunbrunnen

Jetzt ist es Zeit für eine kleine Pause am Neptunbrunnen. Der steht genau zwischen dem Roten Rathaus und der Marienkirche und wurde in den Jahren 1888-1891 erbaut. Den Namen hat der Brunnen vom Meeresgott Neptun: Er sitzt in einer Muschel in der Mitte. Die vier Frauenfiguren zu seinen Füßen sollen die Flüsse Elbe, Rhein, Oder und Weichsel darstellen. Außerdem gibt es viele Tiere. In das kühle Brunnenwasser kannst du im Sommer deine Füße stecken.

Zuerst stand der Neptunbrunnen vor dem Berliner Stadtschloss. Er war im 19. Jahrhundert ein Geschenk von *Kaiser Wilhelm II.* an die Stadt Berlin. Aber das Schloss wurde nach dem *Zweiten Weltkrieg* gesprengt. Dabei wurde auch die Brunnenschale aus rotem Marmor zerstört und die großen Figuren in einem Lager untergestellt.

In dem 1949 auf ostdeutschem Gebiet gegründeten Staat *DDR* wollte man wohl nicht so gern an Kaiser und Könige erinnert werden. Erst 1969 wurde der Brunnen zwischen dem Roten Rathaus und der Marienkirche wieder aufgestellt. Nun wird das Stadtschloss wiederaufgebaut und vielleicht kommt der Brunnen dann zurück vor das Schloss. Was sich Gott Neptun wohl bei dem ganzen Hin und Her denkt?

Marienkirche

Direkt neben dem Neptunbrunnen steht die älteste Kirche Berlins, die Marienkirche. Stell dir vor: Als die Kirche ab 1270 am »Neuen Markt« gebaut wurde, war sie noch von vielen kleinen Fachwerkhäusern umgeben. Die Stadt Berlin wuchs zu dieser Zeit sehr schnell, deshalb auch der Name: »Neuer Markt«. Im Marienviertel rund um den Neuen Markt waren die Straßen eng bebaut.

Viele Menschen arbeiteten und lebten hier. Im Jahr 1325 stritten die Wittelsbacher und die Luxemburger um die Macht in Deutschland. Die Berliner hielten zu den Wittelsbacher Landgrafen. Ein wichtiger Kirchenmann, ein sogenannter Probst, reiste nach Berlin und versuchte bei einer Versammlung vor der Marienkirche, die Berliner umzustimmen. Sie sollten auch für Luxemburg kämpfen. Aber es kam zu einem Tumult, die aufgebrachte Menge ermordete den Probst. Zur Strafe durfte dann 20 Jahre lang niemand mehr in einer Berliner Kirche verheiratet oder getauft werden.

Von innen ist die Kirche sehr schön, mit vielen Bildern ausgestattet, wie in einem Museum. Das älteste Stück ist ein bronzenes Taufbecken aus dem Jahr 1437.

Der Totentanz

Der Tod führt die Menschen an der Hand, sie tanzen einen Reigen. Alle sind dabei – Reiche und Arme, Handwerker oder adelige Herren und Damen. Im Eingangsbereich der Marienkirche findest du dieses sehr alte, 22 Meter lange Bild. Jeder, der früher zum Gottesdienst kam, musste an dem »Totentanz« vorbeigehen. Jeder Mensch hält hier seinen eigenen Tod an der Hand. Damit wollte man die Betrachter daran erinnern, dass jeder irgendwann sterben muss. Kein Reichtum und keine Macht der Welt kann ihn davor schützen.

Wie viele Tierfiguren befinden sich in der Anlage des Neptunbrunnen?

Warum wird der Neptunbrunnen von den Berlinern im Spaß auch Forkenbecken genannt?

Finde das Taufbecken in der Marienkirche. Welche Tiere tragen es?

AquaDom / SEA LIFE

Weiter zur nächsten Station: In großen Aquarien und Becken von SEA LIFE sind 5.000 verschiedene Tiere zu sehen. Der Besucher folgt dem Lauf des Wassers von den Quellen der Spree bis hin zum Atlantik.

Der AquaDom ist das größte freistehende Aquarium der Welt. In der Mitte des 16 Meter hohen Acrylglasbehälters fährt ein Aufzug hoch. Hier leben cirka 1.500 Fische von 97 verschiedenen Arten. SEA LIFE und Aquadom gehören zusammen, können aber auch getrennt voneinander besucht werden.

Berlin Dungeon

Folterpraktiken, die Legende von der weißen Frau oder die Pest in der Klosterstraße – im Berlin Dungeon werden eher gruselige Kapitel der Berliner Geschichte in einer 70-minütigen Reise durch Schauspieler in Liveshows präsentiert. Eine Art modernes Gruselkabinett! Eintritt für Kinder ab 10 Jahren, bis zum Alter von 15 Jahren nur in Begleitung eines Erwachsenen. Wenn die Eltern einverstanden sind, dürfen auch schon Kinder ab acht Jahren ins Dungeon.

Weihnachtsmarkt

In der Weihnachtszeit gibt es rund um den Neptunbrunnen eine Eisbahn und historische Buden. Und ein 50 Meter hohes Riesenrad macht dann dem Panorama-Blick vom Fernsehturm Konkurrenz.

Tour 3

Von mächtigen Königen, berühmten Wissenschaftlern und der Revolution! Spaziergang auf dem Boulevard

1 S-Bahnhof Alexanderplatz
2 Humboldt Forum
3 Lustgarten
4 Unter den Linden
5 Reiterstandbild Friedrich der Große
6 Staatsoper
7 Humboldt-Uni
8 Mahnmal Bücherverbrennung
9 Checkpoint Charlie

S-Bahnhof Alexanderplatz

Vom Alexanderplatz kommend gehst du über die Spree zur Straße »Unter den Linden«. Hier findest du einen großen Platz, den sogenannten Lustgarten. Um den Lustgarten herum stehen das Alte Museum, der Berliner Dom und das an der Stelle des ehemaligen Berliner Schlosses neu erbaute Humboldt Forum. Von vorne sieht es genauso aus wie das frühere Schloss. Aber wenn du hineingehst, siehst du an den modern gestalteten Wänden und Fenstern, dass dies ein ganz neues Haus ist.

Berliner Unwille

Eine wütende Menschenmenge mit Äxten versammelt sich auf der Baustelle. Sie zerstören die Stauwehren, die das Wasser der Spree zurückhalten und die Wassermassen überfluten die Baustelle. So versuchen sich die Bürger der Doppelstadt Berlin und Cölln gegen den 1443 begonnenen Bau der »Zwing Cölln« zu wehren. Sie fürchten, dass der *Kurfürst,* der bis dahin in Spandau residierte, über alles in der Stadt bestimmen und die Rechte der Bürger beschneiden würde, wenn er von hier aus herrschte.

Aber *Kurfürst* Friedrich Wilhelm II., der den Spitznamen »der Eiserne« oder »Eisenzahn« trug, macht seinem Namen alle Ehre und setzt sich durch. Der Streit der Berlin-Cöllner Ratsherren mit *Friedrich II.* von Brandenburg wird der »Berliner Unwille« genannt. Der Bau bekommt vier dicke Türme, die ihn befestigen und gegen den Unmut der Bürger schützen sollen. Es ist also eher eine Burg als ein Schloss. Hundert Jahre später reißen die Herrscher aus dem Geschlecht der Hohenzollern die Burg schon wieder ab und ersetzen sie durch ein ansehnliches Stadtschloss.

Revolution

Im März 1848 gibt es eine Revolution in Deutschland. Vor dem Berliner Schloss findet eine blutige Schlacht zwischen Bürgern und Soldaten statt. 70 Jahre später, 1918, nach dem Ende des *Ersten Weltkrieges,* ist es vorbei mit den Kaisern und Königen in Deutschland. Der Politiker *Karl Liebknecht* ruft von einem Balkon des Schlosses eine »freie *sozialistische* Republik Deutschland« aus. Und wieder 30 Jahre später, nach dem *Zweiten Weltkrieg,* lässt die *DDR*-Regierung am 7. September 1950 das von Bomben beschädigte Schloss sprengen.

Nur das Portal mit dem Balkon von *Karl Liebknecht* lässt sie stehen! Statt der Könige vergangener Zeiten soll nun das Volk herrschen. Auf dem neu entstandenen Marx-Engels-Platz wird marschiert und demonstriert. Schließlich entsteht in der Zeit von 1973 bis 1976 auf dem Platz des alten Schlosses der sogenannte »Palast der Republik«.

Palast der Republik

In dem neuen »Palast der Republik« tagte die Volkskammer, das »Parlament« der *DDR.* Gleichzeitig war es ein Kulturhaus für alle Bürgerinnen und Bürger mit Bühnen für Konzerte, Restaurants und einer Bowlingbahn. So etwas hätten die Könige früher natürlich nie zugelassen! Sie wollten ihr Schloss immer ganz für sich alleine haben. Aber der sogenannte Palast war ziemlich hässlich und außerdem asbestbelastet, d.h. er hatte krebserregende Stoffe in den Wänden. Nach der *Wiedervereinigung* Deutschlands brauchte man diesen Palast nicht mehr und es gab einigen Streit darum, ob er als Kulturdenkmal stehen bleiben sollte oder nicht. In den Jahren 2006-2008 wurde der Palast der Republik schließlich abgerissen.

Humboldt Forum

Das Humboldt Forum sieht von vorne aus wie das schöne ehemalige Hohenzollern-Schloss, aber gleichzeitig ist es für alle zugänglich. Unter anderem werden hier die Sammlungen des Ethnologischen Museums mit Ausstellungsstücken aus fernen Ländern gezeigt. Immer wenn neue Herrscher kamen, haben sie an dieser Stelle etwas abgerissen und neu gebaut. Wie lange das Humboldt Forum wohl stehen bleiben darf?

Lustgarten

Der große Platz vor dem Humboldt Forum heißt Lustgarten. Der Name verweist darauf, dass man sich hier entspannen und »verlustieren« kann. In der Mitte befindet sich ein großer moderner Springbrunnen, in dem du dir bei heißem Wetter die Füße kühlen kannst. Früher gehörte der Garten zum Schloss: Schöne Blumenanlagen und Volieren für Vögel erfreuten die Adligen und später, als der Park für alle geöffnet wurde, auch die Bürger der Stadt Berlin. In einem Kräutergarten wurden nicht nur Petersilie und Schnittlauch, sondern auch die ersten Kartoffeln, genannt »Tartuffeln«, in Deutschland angebaut.

Der Lustgarten wurde genauso wie das Stadtschloss immer wieder zerstört und neu aufgebaut. Der Soldatenkönig *Friedrich Wilhelm I.* wandelte den Park in einen Exerzierplatz für Soldaten um. Als das Alte Museum gebaut wurde, entstand wieder ein schöner Park. Die *Nationalsozialisten* ließen hundert Jahre später wieder Pflaster legen und nutzten den Platz für politische Versammlungen. Wenn du dich heute auf die Wiese legst und den Straßenmusikern zuhörst, kannst du bedenken, was alles schon auf diesem Platz passiert ist.

Das sogenannte Karl-Liebknecht- Portal mit dem Balkon wurde an der Fassade eines großen Gebäudes in der Nähe eingebaut. Findest du es?

Was sind Tartuffeln?

Welches Bauwerk im Lustgarten könnte die Suppenschüssel sein? Finde sie.

Biedermeierweltwunder

Am Rande des Lustgartens, direkt vor dem Alten Museum, steht eine riesige Schale aus Granit. Sie ist eigentlich zu nichts nutze, galt aber trotzdem zur Zeit ihrer Anfertigung als Weltwunder. Die Schale wurde aus einem einzigen Stein, einem 1,45 Milliarden Jahre alten Findling geschlagen. Sie wiegt ca. 75 Tonnen und mit ihrer Herstellung waren täglich zwanzig Steinmetze beschäftigt. Zum Frühstück konnten sich die Handwerker alle auf den Rand der Schale setzen, so groß ist sie. Die Berliner verbinden auch etwas Essbares mit der riesigen Steinschale. Sie nennen sie »die Suppenschüssel«.

Die Prinzessinnen

Als die beiden Schwestern am 22. Dezember 1793 in Berlin Einzug hielten, säumten die Berliner die Straße »Unter den Linden« und jubelten ihnen zu. Die mecklenburgischen Prinzessinen Luise, 17 Jahre, und Friederike, 15 Jahre, galten als die schönsten Prinzessinnen ihrer Zeit. Zwei Tage später gab es eine Doppelhochzeit: Luise heiratete den preußischen Kronprinzen Friedrich Wilhelm und ihre Schwester Friederike seinen Bruder Friedrich Ludwig. Das hört sich an wie aus einem Märchen, ist es aber nicht. Luise und Friederike durften sich nicht aussuchen, wen sie heirateten. Die Mädchen mussten damals eine möglichst »gute Partie« machen, also einen Mann finden, der wohlhabend und mächtig war. Also hat ihr Vater für sie entschieden, wen sie heiraten. Luise wurde als Ehefrau von Friedrich Wilhelm III. Königin von *Preußen* und führte eine gute Ehe. Sie bekam 10 Kinder und starb schon mit 34 Jahren an einer Lungenentzündung. Die Berliner verehrten sie wegen ihrer Schönheit und Klugheit und gaben ihr den Beinamen »Königin der Herzen«.

Friederike lebte länger. Ihr erster Mann, der preußische Prinz Friedrich Ludwig, betrog sie häufig mit anderen Frauen. Als er starb, war Friederike erst 18 Jahre alt und hatte schon drei Kinder von ihm! Sie heiratete noch zwei Mal und bekam noch viele Kinder. In ihrer dritten Ehe war sie anscheinend ganz glücklich. Ihr dritter Mann wurde König von Hannover und sie als seine Frau die Königin von Hannover.

Wenn die beiden jungen Mädchen am Anfang gewusst hätten, was im Leben auf sie wartete! Die Skulptur des Bildhauers Johann Gottfried Schadow zeigt die beiden Schwestern als ganz junge Mädchen. Sie tragen leichte Kleider, umarmen sich und sehen wunderschön und anmutig aus. Die Marmorskulptur ist sehr berühmt geworden. Es gibt sie auch als Berlin-Souvenir. Das lebensgroße Original kannst du in der Eingangshalle des Alten Museums sehen.

Unter den Linden

Vom Humboldt Forum bis zum Brandenburger Tor reicht die prächtigste Straße Berlins. Sie heißt »Unter den Linden« nach den Bäumen, die an ihr wuchsen. Ursprünglich war sie nur ein einfacher Reitweg, der vom Berliner Stadtschloss nach Charlottenburg und Spandau führte. Die ersten Linden wurden 1647 auf Befehl des Großen *Kurfürsten* gepflanzt. Ab dem Jahr 1700 wurde die Straße immer größer ausgebaut. Die feinen Leute ließen sich sonntags »Unter den Linden« auf und ab kutschieren und zeigten ihre schicken Kleider. König *Friedrich der Große* ließ im 18. Jahrhundert viele wichtige Gebäude errichten: die Staatsoper, die katholische Hedwigs-Kathedrale und die Königliche Bibliothek. *Friedrich der Große* liebte Musik und Bücher und wollte, dass seine Untertanen Zugang dazu hatten. Das war zu Friedrichs Zeiten nämlich nicht selbstverständlich!

Friedrich der Große

Als Friedrich II. am 24. Januar 1712 in Berlin geboren wurde, war er genauso klein wie alle anderen Neugeborenen. Den Beinamen »der Große« bekam er erst viel später, als er viele Kriege gewonnen und den Staat *Preußen* zu einer Großmacht innerhalb Europas gemacht hatte. Friedrich war als Kind besonders zart und interessierte sich hauptsächlich für schöne Dinge wie Flöte spielen und Bücher lesen. Er hing sehr an seiner großen Schwester Wilhelmine, gemeinsam hatten sie eine französische Kinderfrau. Seine Muttersprache war deshalb französisch.

Auch sein Vater hatte einen Beinamen: Er hieß der »Soldatenkönig«. Er baute die Armee aus und war besonders stolz auf seine groß gewachsenen Soldaten, die die »langen Kerls« genannt wurden.

Als sein Sohn sechs Jahre alt war, begann er, ihn sehr streng zu erziehen. Der König stellte einen Tagesplan auf, in dem er genau aufzeichnete, wie viel Zeit für die einzelnen Beschäftigungen vorgesehen war. Z.B. das Frühstück: In sieben Minuten musste der kleine Friedrich das geschafft haben.

Als Friedrich fünf Jahre alt war, machte ihn sein Vater zum Kompanie-Chef. In der »Kompanie der kronprinzlichen Kadetten« waren 110 andere adelige Jungen, die der kleine Fritz herumkommandieren durfte: Strammstehen, Marschieren oder Kehrtmachen. So lernte der Kronprinz ganz praktisch, wie man Soldaten führt. Als Friederich älter wurde, versuchte er, gemeinsam mit seinem Freund Katte auszureißen. Aber sein strenger Vater entdeckte die Flucht, ließ seinen eigenen Sohn ins Gefängnis werfen und den Freund köpfen. Wahrscheinlich wurde *Friedrich der Große* durch diese Ereignisse insgesamt ein eher trauriger Mensch. Er hat später auch geheiratet, aber man sagt, dass er eigentlich seine Hunde lieber hatte als die meisten Menschen. Er wurde der berühmteste Herrscher, den das Land *Preußen* je hatte. Im Gegensatz zu seinem Vater, der den Krieg liebte, aber gar keine Gelegenheit hatte, einen zu führen, hat Friedrich viele Schlachten geschlagen und viele auch gewonnen. Er wurde also doch noch ein Soldat, so wie sein Vater es sich gewünscht hatte.

Am Ende seines Lebens nannte man ihn den »Alten Fritz«. Er lud auch berühmte Philosophen wie den Franzosen Voltaire auf sein Schloss ein. Viele Menschen in *Preußen* konnten damals nicht schreiben und lesen! Friedrich erließ 1763 eine Order nach der alle Kinder, auch die, die auf dem Land wohnten, zur Schule gehen sollten.

Wenn du die Straße »Unter den Linden« vom Humbold Forum aus entlang spazierst, kommst du an alten und prächtigen Gebäuden vorbei. Allerdings wurden die meisten von ihnen im *Zweiten Weltkrieg* stark beschädigt oder zerstört und hinterher wiederaufgebaut. Das sieht man ihnen heute aber nicht mehr an. Am Anfang der Straße steht das große Reiterstandbild von Friedrich dem Großen.

Reiterstandbild Friedrich der Große

Friedrich der Große thront hoch zu Ross. 13 Meter hoch ist das Standbild aus Bronze, das den preußischen König als siegreichen Heerführer zeigt. Der König sitzt auf seinem Lieblingspferd und trägt die Uniform des Goltzschen Infanterie-Regiments. Er liebte sein Pferd Condé so sehr, dass es ihm bis in den Saal seines Schlosses Sanssouci in Potsdam nachlaufen durfte. Condé zog ihm Leckereien wie Melonenstücke oder Feigen einfach aus der Jackentasche. Auf dem Kopf trägt der königliche Reiter einen Hut, den man wegen seiner drei Ecken Dreispitz nannte. *Friedrich der Große* war in Wirklichkeit gar nicht besonders groß: Er maß wahrscheinlich 1,62 Meter. Im Sockel des Standbildes sind viele berühmte Männer seiner Zeit abgebildet, die meisten davon Offiziere auf ihren Pferden.

Das Denkmal wurde erst 70 Jahre nach dem Tod des Königs aufgestellt. Den Ersten und *Zweiten Weltkrieg* überstand es unbeschädigt, aber 1950 wurde es abgebaut und in Potsdam versteckt. Wie das Stadtschloss war das Reiterstandbild von *Friedrich dem Großen* ein Symbol für eine Zeit, in der Könige herrschten. Nun sollte das Volk regieren. Beinahe wäre die Statue sogar zerstört worden. 1980 wurde sie wieder aufgestellt. Und weil das Stadtschloss als Humboldt Forum wiederaufgebaut wurde, schaut Friedrich nun wieder auf sein Schloss.

Staatsoper

Wenn du auf der Straße »Unter den Linden« weitergehst, kommst du zur Staatsoper. Das Gebäude wurde einige Jahre lang sehr aufwändig renoviert. Innen sieht die Staatsoper nun wieder sehr prächtig aus. Bei den Aufführungen spielt ein bedeutendes Orchester, die Staatskapelle Berlin, und auf der Bühne treten viele Sängerinnen und Sänger in tollen Kostümen auf. Es gibt auch Aufführungen für Kinder, z.B. die Oper »Hänsel und Gretel«. Aber die Karten sollten rechtzeitig bestellt werden, weil die Vorstellungen oft ausverkauft sind. Neben der Staatsoper liegt der Bebelplatz. Im Winter ist hier manchmal eine Eisbahn aufgebaut und rund um die Staatsoper gibt es einen schönen Weihnachtsmarkt. Direkt gegenüber befindet sich die 1809 gegründete Humboldt-Universität. Zwei große Statuen stehen davor. Sie zeigen die beiden Humboldt-Brüder nach denen die Universität benannt ist.

Humboldt-Universität

Die Brüder Wilhelm (1767-1835) und Alexander von Humboldt (1769-1859) wurden zuhause von Privatlehrern unterrichtet. Sie stammten aus einer wohlhabenden adeligen Familie und lebten in einem schönen Schloss in Berlin Tegel. Alexander, der jüngere Bruder, streifte am liebsten durch die Wälder und sammelte Insekten, Steine und Pflanzen. Im Unterricht war er nicht so gut. Später wurde er ein berühmter Naturforscher, der nach Asien und Südamerika reiste, den hohen Berg Chimborazo in Ecuador bestieg und seine Erfahrungen in über 30 Büchern aufschrieb. Damals war es viel schwieriger, in diese fernen Länder zu gelangen, als heute und man wusste nicht viel über sie. Alexander von Humboldt wollte das ändern. Er erforschte die Pflanzen und das Klima und zeichnete Karten, auf denen er festhielt, wo sich Berge, Flüsse und Wälder befanden. Seine kostenlosen Vorlesungen, in denen er später von seinen Reiseerlebnissen erzählte, waren immer völlig überfüllt. Die Berliner liebten es, in Gedanken mit Alexander von Humboldt um die Welt zu reisen.

Wilhelm von Humboldt war ein fleißiger Schüler und lernte schon als Kind viel über griechische Sagen und römische Geschichte. Während sein Bruder von der Natur begeistert war, las Wilhelm sehr gerne und interessierte sich für Sprachen. Als Erwachsener beherrschte er Französisch, Englisch, Latein und Griechisch und untersuchte auch seltene Sprachen wie das indische Sanskrit oder die Südseesprache Kawi. Wilhelm von Humboldt war einer der gelehrtesten Menschen seiner Zeit. Er dachte, dass es gut sei, wenn alle Kinder so viel lernen könnten wie er. Auf seine Initiative hin wurden zum ersten Mal Lehrer vom Staat ausgebildet und nicht, wie bis dahin, von der Kirche. Von 1802-1808 war er der preußische Gesandte in Rom. Er gründete 1809 die Universität in Berlin, die heute seinen Namen trägt: Humboldt-Universität.

Mahnmal Bücherverbrennung

Am 10. Mai 1933 wurden auf dem Opernplatz (heute Bebelplatz) über 20.000 Bücher verbrannt. Warum machte man so etwas? Bücher sollte man lesen, nicht verbrennen. Die *Nationalsozialisten* wollten ein Land, in dem die Menschen ihren Vorgesetzten oder ihren Lehrern, ihren Eltern und der Polizei bedingungslos gehorchen sollten. Aus Büchern kannst du erfahren, was andere Menschen denken oder wie man in anderen Gesellschaften lebt. Du könntest dir eine eigene Meinung bilden. Das wollten die *Nationalsozialisten* nicht. Also haben sie alle Bücher, die ihnen nicht passten, einfach verboten. Um zu zeigen, wie ernst es ihnen damit war, organisierten sie eine große Bücherverbrennung. Seltsamerweise haben Studenten die Aktion geplant. Da sie an der Universität studierten, hätten sie eigentlich wissen müssen, wie wichtig Bücher sind. Aber viele junge Menschen waren in dieser Zeit begeisterte Anhänger der *Nationalsozialisten.* Die Studenten sammelten in ganz Deutschland über 20.000 verbotene Bücher aus Buchhandlungen und Bibliotheken ein.

Die Bücherverbrennung in Berlin war ein Riesenspektakel. Mit Fackeln zogen die Studenten durch die Stadt. Eine Blaskapelle spielte, viele Menschen standen in den Straßen und schauten zu. Auf dem Platz vor der Oper errichteten sie einen großen Scheiterhaufen aus Büchern und zündeten ihn an. Sie warfen Werke vieler bekannter deutscher Schriftsteller wie Heinrich und Thomas Mann, Stefan Zweig oder Kurt Tucholsky ins Feuer. Viele von ihnen hatten Deutschland schon verlassen, weil sie hier keine Bücher mehr veröffentlichen durften. Einer von ihnen aber stand am Rande und sah zu, wie sein Buch »Fabian« ins Feuer geworfen wurde. Es war Erich Kästner. Sein toller Kinderkrimi »Emil und die Detektive« ist nach wie vor bei jungen Lesern sehr beliebt.

Finde das Mahnmal zur Bücherverbrennung auf dem Bebelplatz. Kleiner Tipp: Du darfst nicht nach oben schauen, sondern nach unten!

Wie kommt der Checkpoint Charlie zu seinem Namen?

Checkpoint Charlie

Wenn du am U-Bahnhof aussteigst und die Friedrichstraße entlangspazierst, siehst du große Fotos von ehemaligen Soldaten auf der Straße, alte Grenzschilder und ein kleines Kontrollhäuschen. Hier war früher der Kontrollpunkt »Checkpoint Charlie«, der von amerikanischen Soldaten bewacht wurde. Nur Ausländer und hohe Diplomaten durften an diesem Kontrollpunkt die Grenze zwischen *Ost-* und *West-Berlin* überqueren. Die Original-Grenzanlagen und Wachtürme wurden nach der *Wende* abgebaut. Um zu zeigen, wie es früher aussah, wurde ein Grenzhäuschen später wieder aufgestellt. Der Checkpoint Charlie war ein Symbol für die Teilung Berlins in Ost und West. Er war Schauplatz von James-Bond-Filmen und Spionage-Büchern.

Berliner Mauer

Es war ein friedlicher, warmer Sommermorgen: Am 13. August 1961 marschierten in *Ost-Berlin* mehr als 10.000 Volks- und Grenzpolizisten auf, hackten das Straßenpflaster auf, errichteten aus Asphaltstücken und Pflastersteinen Barrikaden, rammten Betonpfähle ein und zogen Stacheldrahtzäune. Als die Menschen aufwachten, trauten sie ihren Augen nicht. Mitten durch ihre Stadt wurde eine Mauer gebaut. Kannst du dir das vorstellen – eine Mauer, die quer durch die ganze Stadt verläuft? Und die Menschen, die rechts und links der Mauer wohnen, dürfen sich nicht mehr besuchen? So eine Mauer teilte vom 13. August 1961 bis zum 9. November 1989 die Stadt Berlin. Es gab *Ost-* und *West-Berlin.* An manchen Stellen teilte die Mauer sogar eine Straße in der Mitte durch.

Machtprobe

Kurz nach dem Bau der Berliner Mauer am 26. Oktober 1961 fuhren am Checkpoint Charlie sieben amerikanische M48-Panzer auf. Bald rollten ihnen von *Ost-Berliner* Seite elf sowjetische T45-Panzer entgegen. *DDR-*Grenzsoldaten hatten von einem amerikanischen Diplomaten gefordert, beim Übergang von *Ost-* nach *West-Berlin* seinen Ausweis zu zeigen. Dazu waren sie aus amerikanischer Sicht aber nicht berechtigt. Die ganze Nacht standen sich die Panzer mit geladenen Geschützen gegenüber und viele Menschen hatten Angst, dass wieder ein Krieg beginnen könnte. Aber am Vormittag des nächsten Tages rollten die Panzer wieder ab. Die Diplomaten hatten sich über Nacht wohl geeinigt. Die Machtprobe war erstmal vorbei.

Ost-Berlin und West-Berlin

Nach dem *Zweiten Weltkrieg* wurde Deutschland in Ost und West geteilt. Im Jahr 1949 wurden die Staaten *Bundesrepublik Deutschland* (BRD) und Deutsche Demokratische Republik *(DDR)* gegründet.

West-Berlin gehörte auch nach dem Mauerbau zur *Bundesrepublik Deutschland.* Die Menschen lebten hier wie auf einer Insel. *West-Berlin* war von einer 155 km langen Mauer vollkommen umschlossen. Rundherum war das andere Land, die Deutsche Demokratische Republik. Die Bewohner *West-Berlins* hatten sich mit der Zeit daran gewöhnt. Ihre Besucher kletterten auf die kleinen Aussichtstürme, die im Westen vor der Mauer aufgestellt waren und schauten auf die andere Seite nach *Ost-Berlin.*

Wenn *West-Berliner* nach *Ost-Berlin* fahren wollten, mussten sie ein Visum beantragen und eine Grenzkontrolle passieren. *Ost-Berliner* durften nur in Ausnahmefällen in den Westen reisen.

Einige *DDR*-Bürger versuchten, über die Mauer zu klettern, bauten Tunnel, um darunter hindurch zu krabbeln, oder Fluggeräte, um darüber zu fliegen. Manchen gelang das auch. Aber viele Menschen, die dabei erwischt wurden, kamen für lange Jahre ins Gefängnis. Mindestens 140 wurden bei dem Versuch aus der *DDR* zu fliehen von Grenzsoldaten erschossen.

»Die Mauer muss weg«

Im Jahr 1989 demonstrierten Tausende von *DDR*-Bürgern gegen die Verhältnisse in ihrem Land und gegen die Teilung Deutschlands. Die Demonstranten riefen im Chor »Die Mauer muss weg« und »Wir sind das Volk« und später auch »Wir sind ein Volk«. Vielen gelang es, über andere Länder, z.B. Ungarn, aus der *DDR* auszureisen. Am 9. November 1989 versammelten sich abends viele Menschen vor dem Grenzübergang Bornholmer Straße in *Ost-Berlin* und verlangten, *West-Berlin* besuchen zu dürfen. Schließlich öffnete ein Grenzbeamter den Schlagbaum und ließ alle passieren. Noch in derselben Nacht fuhren viele Menschen zwischen *Ost-* und *West-Berlin* hin und her. Sie umarmten sich und weinten, weil sie froh waren, als Bewohner ein und derselben Stadt nicht länger durch eine Mauer getrennt zu sein.

Mauermuseum am Checkpoint Charlie

Das private Mauermuseum zeigt verschiedene Fluchtobjekte: Einen Heißluftballon, ein Mini-U-Boot und umgebaute Fluchtautos. Leider ist ein Besuch nur bedingt zu empfehlen. Die Ausstellung ist veraltet, der Besuch recht teuer.

Trabis

In der *DDR* gab es ganz andere Autos als in der Bundesrepublik. Z.B. den Trabant, liebevoll »Trabi« genannt, ein Auto mit Zweitaktmotor, das seit 1957 vom »VEB Sachsenring Automobilwerke Zwickau« gebaut wurde. Im Trabi-Museum kann man einige dieser alten Trabis erkunden und bewundern – den Klassiker Trabant 602, einen Trabi-Ralley-Car oder ein Polizeiauto.

Asisi Panorama: Die Mauer

Wenn du dir vorstellen möchtest, wie Berlin zu Mauerzeiten ausgesehen hat, kannst du dir das riesige Panoramabild »Die Mauer« anschauen. Der Künstler Yadegar Asisi ist in der *DDR* aufgewachsen und hat später in *West-Berlin* gelebt – er kennt also beide Seiten. In seinem großen Bild zeigt er, wie Berlin an einem Herbsttag in den 80er Jahren in Kreuzberg aussah. Man sieht aber auch die Grenzanlagen der Mauer und schaut darüber hinweg nach *Ost-Berlin.*

Betrachte die Fassade des Museums genau. Findest du das Symbol Hammer und Sichel?

Weißt du, was es bedeutet?

Warum wurde das Auto Trabant auch »Rennpappe« genannt?

Tour 4

Krieg und Frieden Rund um das Brandenburger Tor

Noch mehr Geschichte!
Hey du Schlauberger,
viel Spaß dabei!

1 S-Bahnhof Brandenburger Tor
2 Hotel Adlon
3 Pariser Platz
4 Brandenburger Tor
5 Reichstag
6 Futurium
7 Hansaviertel
8 Grips Theater
9 Tiergarten

S-Bahnhof Brandenburger Tor

Vom S-Bahnhof gehst du nur ein paar Schritte bis zum Pariser Platz mit dem berühmtesten Tor Berlins, dem Brandenburger Tor. Aber wenn du aus der S-Bahn-Station kommst, siehst du zuerst das große und ebenfalls sehr bekannte Hotel Adlon.

Hotel Adlon

Als es vor über 100 Jahren eröffnet wurde, war es das vornehmste und luxuriöseste Hotel der Stadt. Für die damalige Zeit sensationell: In allen Zimmern gab es Strom und fließend warmes Wasser. Die Empfangshalle, ein Musiksalon, eine Bibliothek und ein Ballsaal waren wunderschön gestaltet. Hier übernachteten feine und reiche Leute, große Feste wurden gefeiert. Der Zar von Russland und der amerikanische Autobau-Pionier Henry Ford wohnten im Adlon, wenn sie in Berlin zu Besuch waren. Es heißt sogar, der Kaiser von Deutschland, Wilhelm II., habe sich hier zeitweise aufgehalten, obwohl sein Schloss am anderen Ende der Straße Unter den Linden stand. Aber dort war es ihm anscheinend manchmal zu kalt!

Am Ende des *Zweiten Weltkriegs* brannte das Hotel aus, später wurde es ganz abgerissen. Nach der *Wende,* als *Ost-* und *West-Deutschland* wiedervereinigt waren, wurde das Hotel Adlon wiederaufgebaut. Und seitdem finden hier wieder prächtige Bälle statt und prominente Gäste übernachten im Adlon, so wie z.B. der ehemalige amerikanische Präsident Barack Obama. 2013 hielt er vor dem Brandenburger Tor eine große Rede, in der er die Menschen aufforderte, sich für Frieden, Gerechtigkeit und Demokratie einzusetzen.

Kannst du dir vorstellen, warum die Berliner für die Quadriga auch den Begriff »Retourkutsche« prägten?

Der Verlauf der früheren Mauer wird in ganz Berlin mit einer schmalen gemauerten Linie auf der Straße angezeigt. Finde diese im Bereich des Brandenburger Tores.

Pariser Platz

Der Pariser Platz ist heute ein schöner, weiter Platz mit vielen großen Häusern ringsherum. Er ist für Autos gesperrt. Fahrradrikschas gondeln darüber und die Besucher schlendern ganz entspannt von einem Ende zum anderen. Früher, zu *DDR*-Zeiten, war hier militärisches Sperrgebiet, das von Soldaten bewacht wurde. Direkt hinter dem Brandenburger Tor verlief die Mauer, also die Grenze zwischen *Ost-* und *West-Berlin.*

Im Jahr 1989, kurz nach der Maueröffnung, wurde am Brandenburger Tor zum ersten Mal eine große Silvesterparty gefeiert. So wurde das Tor zum Symbol für die *Wiedervereinigung* von *Ost-* und *West-Deutschland.*

Brandenburger Tor

Als das Brandenburger Tor vor langer Zeit gebaut wurde (1789-1793), markierte es die Grenze von Berlin. Von hier aus führte eine Straße in die nächste Stadt, nach Brandenburg. So ein Tor sah toll aus. Es hatte aber auch praktische Gründe: Man konnte kontrollieren, wer die Stadt betrat oder verließ. Wer dabei Waren in die Stadt einführen wollte, musste häufig einen Wegezoll bezahlen. Auf das Tor wurde 1793 eine von Johann Gottfried Schadow entworfene Quadriga gesetzt: ein Wagen, der von vier Pferden gezogen und von der Siegesgöttin Viktoria gelenkt wird. Als der französische Kaiser *Napoleon* die preußische Armee 1806 besiegte, ließ er die Quadriga mitsamt der Viktoria abbauen, in 12 Kisten verpacken und nach Paris, der Hauptstadt Frankreichs, bringen.

So eine Schande: Erst verlieren die *Preußen* den Krieg und dann auch noch ihre Siegesgöttin! Ein paar Jahre später kehrte sich alles um: Die preußischen Soldaten und ihre Verbündeten vertrieben *Napoleon* und seine Truppen wieder. Und natürlich musste die Quadriga zurück nach Berlin. Das war bestimmt nicht so einfach, denn die Skulptur ist aus Kupfer und sehr schwer. Aber die Siegesgöttin war ein wichtiges Symbol, mit dem die Könige damals ihre Macht allen auf der Straße zeigen konnten. Es gab ja noch kein Fernsehen oder Internet. Der Wagen und die Siegesgöttin wurden mit Kerzen und Feuerschalen beleuchtet, als der preußische König Wilhelm III. am 7. August 1814 mit seinen Soldaten durch das Tor ritt und die Rückkehr der Quadriga von der Berliner Bevölkerung bejubelt wurde.

Übrigens: Früher durften die einfachen Bürger nur ganz außen, rechts und links durch das Tor gehen. Die Mitte des Tores war den Angehörigen des Hofes vorbehalten. Geh durch die Mitte und fühle dich wie ein König.

Reichstag

Wenn du vom Pariser Platz aus durch das Brandenburger Tor gehst und dich nach rechts wendest, kommst du zum Reichstag. In diesem schlossähnlichen Gebäude tagt das deutsche Parlament, der *Bundestag*. Abgeordnete aus ganz Deutschland treffen sich hier regelmäßig, beraten und verabschieden neue Gesetze. Das war auch schon Ende des 19. Jahrhunderts so, als der Reichstag gebaut wurde. Das Land hieß damals *»Deutsches Reich«*, deshalb der Name Reichstag.

Das Haus hat schon einiges erlebt. Kurz nachdem die *Nationalsozialisten* unter *Adolf Hitler* 1933 in Deutschland die Macht übernommen hatten, wurde der Reichstag am 27. Februar in Brand gesetzt. Aber bis heute konnte nicht geklärt werden, wer den Brand eigentlich gelegt hat. Vielleicht waren es die politischen Gegner der *Nationalsozialisten,* die Kommunisten? Oder waren es die Nazis selbst, damit sie anschließend die Kommunisten beschuldigen und verfolgen konnten? Jedenfalls haben die *Nationalsozialisten* anschließend viele Menschen ins Gefängnis gebracht und so ihre Macht gestärkt.

Nach dem Ende des *Zweiten Weltkriegs* 1945 hissten sowjetische Soldaten ihre rote Flagge über dem stark beschädigten Gebäude und feierten so den Sieg über Deutschland. 50 Jahre später, im Sommer 1995, verhüllten die Künstler Christo und Jeanne-Claude den Reichstag mit einem riesigen silberfarbenen Tuch. Für ein paar Wochen war das Haus gar nicht mehr zu sehen! 1999 zog der *Bundestag* in das Reichstagsgebäude ein. Rundherum ist nach der *Wiedervereinigung* das Regierungsviertel der *Bundesregierung* entstanden.

Wenn du dir einen Überblick verschaffen möchtest, kannst du das gut von der gläsernen Kuppel aus tun. Der berühmte englische Architekt Sir Norman Foster hat sie über dem Reichstagsgebäude errichten lassen. Hier gibt es einen Audio-Guide für Kinder mit den KiKA-Helden Bernd das Brot, Briegel der Busch und Chili das Schaf. Den Reichstag lernst du von innen am besten bei einer Kinderführung kennen (leider nur an ein paar ausgewählten Tagen im Jahr). Außerdem gibt es eine tolle Großbildprojektion zur Geschichte des Hauses: jeden Abend im Sommer Open Air, allerdings erst nach Einbruch der Dunkelheit.

Futurium

Du verlässt den Hauptbahnhof durch den Hintereingang über den Washingtonplatz. Wenn du dich nach links wendest und dem Kapelleufer an der Spree folgst, kommst du nach ca. 350 Metern zum neuen Zukunftsmuseum Futurium. Die Zukunft gehört dir! Kann man sie in einem Museum ausstellen? Wahrscheinlich nicht. Aber ein Museum kann Modelle zeigen: Wie könnte die Zukunft aussehen? Welche technischen Neuerungen werden unser Leben bestimmen? Und du kannst dir Gedanken machen: Was wünschst du dir für die Zukunft? Jüngere Kinder können jeden Sonntagnachmittag in einer Bastelwerkstatt die Stadt ihrer Vorstellung malen und zusammensetzen. Oder wissenschaftliches Denken üben. Hast du schon mal einen Mini-Roboter in Gestalt einer Biene programmiert? Mit einer Magnetkugelbahn kannst du den Lauf einer Kugel verändern und die Gesetze der Schwerkraft erproben. Aus den kleinen Teilchen eines elastischen 3D-Puzzles können unendlich viele Formen entstehen. Ältere Kinder möchten vielleicht an den Computern im Untergeschoß im Futurium Lab arbeiten und z.B. Wasser- und Grünflächen und Häuser zu künstlichen Satellitenbildern zusammenfügen. Dort findest du auch eine begehbare Installation, die auf die Ausrufe der Besucher reagiert. Es gibt vieles zu entdecken, nimm dir Zeit und komm rechtzeitig. Sonntags bilden sich manchmal lange Schlangen vor dem Eingang. In dem dazugehörigen Café und Restaurant kannst du einen Salat mit »Future-Toppings« bestellen: Insekten wie geröstete Mehlwürmer und Grillen stehen in Zukunft vielleicht öfter auf dem Speiseplan!

Verschiedene Wissenschaftsstiftungen und das Bundesbildungsministerium haben das Zentrum für die Zukunft geplant und gebaut. Das Futurium wendet sich mit seinen Angeboten an Kinder, Jugendliche und Erwachsene. Dahinter steht der Gedanke, dass die Zukunft gestaltbar ist. Jeder kann daran mitwirken. Technik, Gesellschaft und Natur – alles hängt miteinander zusammen. Je mehr du weißt, um so besser kannst du dich einbringen.

FUTURIUM

Hansaviertel

Wenn du am S-Bahnhof Bellevue aussteigst, wendest du dich nach rechts und gehst noch ungefähr 600 Meter die Bartningallee entlang bis zum Grips Theater. Das Stadtviertel, durch das du läufst, heißt Hansaviertel.

Hier stehen Hochhäuser, Mietshäuser und Einfamilienhäuser nebeneinander, dazwischen gibt es große Grünflächen. Das Viertel ist in den 50er Jahren des vorigen Jahrhunderts neu entstanden. Die alten Häuser des Hansaviertels wurden bei Bombengriffen im *Zweiten Weltkrieg* fast vollständig zerstört. Nach dem Krieg wollte man zeigen, wie schön eine moderne Stadt sein kann – locker bebaut mit vielen Grünanlagen. 53 namhafte Architekten aus 13 Ländern wie Walter Gropius, Alvar Aalto und Egon Eiermann haben im Rahmen der Internationalen Bauausstellung 1957 hier ihre Pläne verwirklicht. Gerade Linien, viel Licht und Luft – die Ideen der Bauhaus-Kunstschule aus der Zeit vor dem Krieg wurden jetzt wieder aufgegriffen.

Sie waren ein Gegenentwurf zu der alten, engen Bebauung in Berlin mit den dunklen Hinterhöfen. Ganz neu war es in Deutschland auch, Häuser mit vielen Stockwerken hoch in den Himmel wachsen zu lassen. Auf dem Weg kannst du mehrere solcher Hochhäuser sehen.

Wenn du zu einem kleinen Einkaufszentrum gelangst, biegst du nach rechts ab. An einem Supermarkt vorbei kommst du zum Hansaplatz, dem Zentrum des Viertels mit Geschäften, dem Eingang zur U-Bahn und dem Grips Theater. Auf dem Hansaplatz sitzen oft Obdachlose. In dem Theaterstück »Linie 1« des Grips Theaters kommen sie deswegen auch vor, allerdings werden sie da von Schauspielern gespielt.

Grips Theater

Das Grips Theater kennt in Berlin jedes Kind! Es zeigt lustige und freche Stücke für Kinder, aber auch für Jugendliche und Erwachsene.

Gegründet wurde es 1969 als »Theater für Kinder im Reichskabarett«. Seit 1974 befindet es sich im ehemaligen Kino am Hansaplatz. Das Reichskabarett bestand aus jungen, politisch engagierten Menschen, die mit ihren kritischen Programmen die Welt zum Guten verändern wollten – sie sollte gerechter und freier werden. Und das betraf auch die Kinder! Strenge Eltern waren zu dieser Zeit normal, Widerworte verboten. Schilder wie »Spielen im Hof verboten!« waren häufig anzutreffen. Kinder sollten gehorsam sein und möglichst keinen Krach machen. Die Theatermacher verstanden die Kinder als »unterdrückte Klasse« und wollten ihnen helfen, selbstbewusster zu werden und eigenständig zu handeln. Im ersten Theaterstück »Stokkerlok und Millipilli« geht es um den Lokomotivführer Stokkerlok, der Kinder immer umsonst mitfahren lässt. Als sein Chef Herr Kratzwurst ihm deshalb die Lokomotive wegnimmt, stellt das Mädchen Millipilli ein Schild mit der Aufschrift auf: »Es ist verboten zu verbieten.«

Das Grips Theater produziert seit 50 Jahren Stücke, die in der Lebenswirklichkeit von Kindern spielen und ihre Sorgen und Nöte ernst nehmen. Du bist nicht allein, gemeinsam seid ihr stark und du kannst etwas tun: Diese Gedanken prägen die Grips-Stücke bis heute. Fast alle Theaterstücke werden im Grips selbst entwickelt und geschrieben. Früher hat das oft einer der Gründer, Volker Ludwig, gemacht. Sein Stück über die Geschwister »Max und Milli« von 1978 wurde im Grips Theater vier Mal neu inszeniert. Die musikalische Revue »Linie 1« von 1986 über die U-Bahn in Berlin wurde in verschiedenen Ländern überall auf der Welt nachgespielt. Inzwischen hat sich Volker Ludwig zurückgezogen. Seine Nachfolger machen weiter in seinem Sinne ein Theater für Kinder, das Mut und Spaß macht. Probiere es aus!

Tiergarten

Wenn du vom Grips Theater auf der Bartningallee zurückgehst in Richtung S-Bahnhof Bellevue, geht rechts der Hanseatenweg ab. Hinter der Akademie der Künste, einem großen, modernen Gebäude, beginnt der Tiergarten. Er ist mit 210 Hektar Fläche der größte Park in Berlin und erstreckt sich vom Zoo bis zum Brandenburger Tor. Auf dem weitläufigen Gelände gibt es Biergärten, einen kleinen See, Denkmäler und Spielplätze. Einen findest du neben der Akademie der Künste mit vielen Klettermöglichkeiten und Schaukeln.

Auch wenn das Wort Tier im Namen vorkommt: Einen Zoo gibt es hier nicht. Der Tiergarten war ursprünglich ein königliches Jagdrevier. In dem eingezäunten Gebiet wurden wilde Tiere ausgesetzt, die später gejagt wurden. Im 18. Jahrhundert wurden die Zäune entfernt und der Tiergarten in einen »Lustpark für die Bevölkerung« umgewandelt. Damit war gemeint, dass man hier schön spazieren gehen kann – »Lustwandeln« nannte man das früher. Nach dem *Zweiten Weltkrieg* haben die Berliner ihren »Lustpark« fast völlig abgeholzt, weil es sehr kalte Winter gab und es an allem fehlte, auch an Brennholz für die Öfen. Mit Baumspenden aus anderen deutschen Städten konnte der Park später wieder aufgeforstet werden.

Wie viele Stockwerke haben die Hochhäuser des Hansaviertels?

Finde das große Wandbild mit den Kindern auf dem Haus.

Wie viele Glocken hängen im Turm der St. Ansgar-Kirche direkt gegenüber dem Grips-Theater?

Tour 5

Gestern & heute Vom Holocaust-Mahnmal zum Potsdamer Platz

Hier erlebst du viele Experimente im Technikmuseum!

1 Pariser Platz
2 Holocaust Mahnmal
3 Potsdamer Platz
4 Mall of Berlin
5 Panoramapunkt
6 Park am Gleisdreieck
7 Naturerfahrungsraum
8 Deutsches Technikmuseum
9 Café Eule

Pariser Platz

»Was für ein komischer Ort! Sieht nicht aus wie ein Hotel, nicht wie eine Kirche, nicht wie eine Schule.« So spricht der berühmte Architekt Peter Eisenman über das Denkmal für die ermordeten *Juden* Europas, das nach seinen Plänen gebaut wurde. Du findest es, wenn du vom Pariser Platz kommend durch das Brandenburger Tor gehst und dich nach links wendest.

Holocaust Mahnmal

2.711 Betonblöcke stehen auf einem Platz. Sie sind unterschiedlich hoch und der Größe nach angeordnet. Dadurch sieht das Denkmal, das *Holocaust-*Mahnmal genannt wird, aus einiger Entfernung aus wie große Wellen aus Stein. Die Betonblöcke, auch als Stelen bezeichnet, sind ziemlich groß. Zwischen den Reihen, die sie bilden, kannst du hindurchlaufen wie durch ein Labyrinth. Aber keine Angst: Du musst nur immer geradeaus laufen, dann kommst du wieder hinaus.

Auf die Stelen kannst du hinaufklettern oder zwischen ihnen Verstecken spielen. Der Architekt Peter Eisenman hat mehrfach betont, dass ihn das nicht stören würde. Die Betonblöcke wurden mit einem speziellen Graffitischutz behandelt, damit man darauf nicht herummalen kann. Denn dieses Stelenfeld hat einen sehr ernsten Hintergrund: Es soll daran erinnern, dass die *Nationalsozialisten* in den 12 Jahren ihrer Herrschaft (1933-45) in ganz Europa Millionen von Menschen getötet haben, nur, weil sie *Juden* waren.

Die Betonblöcke könnten z.B. als Grabsteine verstanden werden. Aber das steht nirgendwo angeschrieben. Deshalb kann sich eigentlich jeder bei dem Besuch denken, was er will. Das *Holocaust*-Mahnmal ist sehr groß und auffällig. Wer hier vorbeikommt, kann es nicht übersehen. Vom *Holocaust*-Mahnmal aus siehst du schon die Hochhäuser am Potsdamer Platz.

Finde die erste Ampelanlage Europas. Sie wurde 1924 in Betrieb genommen. Was du heute findest, ist allerdings ein Nachbau.

Potsdamer Platz

»Und wenn ich mich da morgens ins Fenster lege, links und rechts ein Sofakissen unterm Arm, und die frische Winterluft kommt so vom Hall'schen Tor her, und ich hab dann so Café Bellevue und Josty vor mir, Josty mit dem Glasvorbau, wo sie schon von früh an Zeitungen lesen, und die Pferdebahnen und Omnibusse kommen von allen Seiten heran, und es sieht aus, als ob sie jeden Augenblick ineinander fahren wollten… Ja, Kinder, wenn ich das so vor mir habe, da wird mir wohl, da weiß ich, dass ich mal wieder unter Menschen bin, und darauf mag ich nicht verzichten.« Das schreibt der Dichter Theodor Fontane in seinem 1896 erschienenen Roman »Die Poggenpuhls«.

Der Potsdamer Platz war ursprünglich eigentlich nicht viel mehr als eine Straßenkreuzung vor den Toren Berlins. Fünf Straßen kreuzten sich im 19. Jahrhundert vor dem großen Potsdamer Tor, einem der 14 Berliner Stadttore. Aber nach der Eröffnung des Potsdamer Bahnhofs 1838 wurden dort zahlreiche Cafés und Hotels eröffnet.

In großen Ballsälen vergnügten sich viele Menschen, vor allem in der Zeit zwischen den beiden Weltkriegen in den 20er Jahren des 20. Jahrhunderts. Der Potsdamer Platz galt zu der Zeit als der verkehrsreichste Europas. Es gab S- und U-Bahnen, 20.000 Autos überquerten täglich den Platz und am Potsdamer Bahnhof wurden jeden Tag rund 83.000 Reisende gezählt. Hier stand die erste Ampel Deutschlands. Der Nachbau des Ampelturms ist heute noch eine Sehenswürdigkeit.

Jedes Jahr zur Winterzeit verwandelt sich der Potsdamer Platz in eine große Winterwelt mit Rodel- und Eisbahn und einem Weihnachtsmarkt.

Geteilter Platz

Die Cafés, die der Schriftsteller Theodor Fontane beschreibt, wurden im *Zweiten Weltkrieg* von Fliegerbomben zerstört. Nach dem Krieg führte der Grenzstreifen zwischen *Ost-* und *West-Berlin* direkt über den Potsdamer Platz. Zwischen den zerstörten Häusern spielten die Kinder, auf dem Platz entwickelte sich ein reger *Schwarzmarkt*. In den Geschäften wurden direkt nach dem Krieg kaum noch Waren angeboten und es gab nicht viel zu essen. 1961 wurden die Ruinen der letzten Häuser abgetragen und mitten über den Platz die Mauer gebaut, die von da an *Ost-* und *West-Berlin* trennte. Auf der Ostseite patrouillierten Soldaten, auf der Westseite wuchsen wilde Pflanzen auf einer großen Brache. Alles, was du jetzt auf dem Potsdamer Platz siehst, wurde ab 1990 nach Entwürfen eines internationalen Architekten-Teams wieder neu aufgebaut.

Mall of Berlin

Einkaufen kannst du in rund 270 Shops auf einer Fläche 22.000 Quadratmetern in der Mall of Berlin. Hier gibt es auch einen großen Food Court mit vielen Restaurants. Vor dem *Zweiten Weltkrieg* stand an dieser Stelle das Kaufhaus Wertheim, damals bekannt als eines der schönsten Kaufhäuser Deutschlands. Es wurde im Krieg stark beschädigt und seine Ruine in den 1950er Jahren abgerissen.

Berlinale

Im Februar wird der Potsdamer Platz zum Mittelpunkt der Kinostadt Berlin. Während des bekannten Filmfestivals *Berlinale* kannst du mit etwas Glück internationale Schauspieler und Regisseure sehen, die im Festivalpalast ein- und ausgehen. Die Hauptspielstätten der *Berlinale* befinden sich am Potsdamer Platz, auch mit einem großen Angebot für Kinder und Jugendliche.

Panoramapunkt

In einem Hochhaus, das nach seinem Architekten Hans Kollhoff »Kollhoff-Tower« genannt wird, gibt es einen besonders schnellen Aufzug. Er saust in 20 Sekunden in den 24. Stock hinauf. Hier oben kannst du den Ausblick auf die Stadt Berlin bewundern. Es gibt eine begehbare Aussichtplattform und das Panoramacafé.

Park am Gleisdreieck

Faulenzen oder Ballspielen, Skaten oder Tischtennis spielen – im Park am Gleisdreieck kannst du dich von der Großstadt erholen. Und bist doch mitten in der Stadt! Nur zwei U-Bahn-Stationen vom Potsdamer Platz entfernt, findest du im Park große Wiesen, ideal zum Picknicken. Es gibt Beachvolleyball- und Spielplätze mit großen Holzklettergerüsten, außerdem Cafés und Skateranlagen.

Der Park befindet sich auf einem Gelände mit ehemaligen Gleisanlagen, die nach dem *Zweiten Weltkrieg* nicht mehr genutzt wurden. Auf der Brache konnten sich mitten in der Stadt viele seltene Pflanzen ausbreiten. Als der neue Park angelegt wurde, sind die meisten davon entfernt worden. Aber es gibt immer noch Parkabschnitte, wo wilde Pflanzen wachsen. Auch die alten Schienen und Gleisanlagen kannst du an manchen Stellen noch finden. Der Park teilt sich auf in einen Ost- und einen Westpark, die S-Bahn fährt mitten hindurch.

Naturerfahrungsraum

Auf große Steine und kleine Bäume klettern oder in den Büschen Verstecken spielen – das kannst du in dem extra für Kinder zwischen 6 und 12 Jahren angelegten Naturerfahrungsraum am Rande des Ostparks. In dem hügeligen Gelände mit Bäumen und Büschen gibt es nicht die üblichen Spielgeräte wie Schaukeln oder Rutschen. Die Mulden werden im Sommer regelmäßig mit Wasser gefüllt. Dann kannst du dort plantschen und mit Matsch spielen. Große Äste und halbe Baumstämme liegen bereit, um damit Hütten oder Brü- cken zu bauen.

Deutsches Technikmuseum

Ein echtes Flugzeug über der Terrasse des Neubaus zeigt schon, wo es langgeht. Hier findest du das große Technikmuseum. Das Museum befindet sich direkt neben dem Park am Gleisdreieck in der Trebbiner Straße. Es gibt 14 ständige Ausstellungen zu Schiffen, Schienenfahrzeugen und Flugzeugen, zur Geschichte des Computers, zur Herstellung von Schmuck, Papier und Filmkameras.

Du kannst Motoren, Dampfmaschinen und vieles mehr anschauen. Die Ausstellung »Vom Ballon zur Luftbrücke« zur Geschichte der Luftfahrt ist besonders groß: Auf 6.000 m² sind viele alte Flugzeuge zu sehen – neben Klassikern wie der Junkers Ju 52 (genannt »Tante Ju«) auch seltene Einzelstücke mit großartigen Namen wie die Jeannin Stahltaube, Baujahr 1914, oder die Raab-Katzenstein RK 9 von 1928. In den Ferien werden tolle Workshops für Kinder angeboten. Du kannst z.B. lernen, wie man aus einer Zahnbürste einen Roboter baut oder seinen Namen im Morsealphabet schreibt. Im großen Museumsgarten gibt es Wind- und Wassermühlen, eine Schmiede und eine Brauerei zu entdecken.

Das Flugzeug vor der Fassade des Museums ist eine Maschine vom Typ Douglas C-47 B »Skytrain«. Warum nannte man diese Art Flugzeuge auch Rosinenbomber?

Café Eule

Ganz versteckt im Westpark befindet sich eine Laubenkolonie. Weil das ganze Gebiet jahrelang weitgehend ungenutzt war, haben *Laubenpieper* hier ohne Genehmigung ihre Gärten angelegt. Als der neue Park am Gleisdreieck eingerichtet wurde, sorgten viele Bürger mit ihrem Engagement dafür, dass die Gärten erhalten blieben. Heute gibt es einen Imker, der Stadthonig produziert. Im Sommer werden Wildkräuterführungen angeboten.

Das Café Eule befindet sich mitten in der Laubenkolonie. Aus einem umgebauten Container heraus werden hausgemachte Salate, Kuchen und Quiches verkauft. Mittags gibt es täglich ein warmes Gericht. Obst, Gemüse und Kräuter stammen aus den Gärten der Kolonie. Alle Sitzgelegenheiten befinden sich unter freiem Himmel auf ausrangierten Gartenmöbeln oder alten Paletten. Ein kleines Paradies!

Tour 6

Shoppen & Schauen

Vom KaDeWe zum Zoologischen Garten

Hier begibst du dich auf große Shoppingtour. Habe Spaß dabei!

1 U-Bahnhof Wittenbergplatz
2 KaDeWe
3 Tauentzien
4 Kaiser-Wilhelm-Gedächtniskirche
5 Breitscheidplatz
6 Bikini-Haus
7 Zoo Palast
8 Zoologischer Garten
9 Aquarium

U-Bahnhof Wittenbergplatz

Wenn du am Wittenbergplatz aus der U-Bahn steigst, stehst du direkt vor dem KaDeWe, dem größten und ältesten Kaufhaus Berlins – auf acht Etagen findest du Spezialitäten aus aller Welt. In der Adventszeit sind die Schaufenster mit Puppen festlich geschmückt, jedes Jahr unter einem anderen Motto. Wenn du Glück hast, ist dann gerade der Weihnachtsmann da.

KaDeWe

Das KaDeWe wurde 1907 durch den Kommerzienrat Adolf Jandorf gegründet. Statt in vielen kleinen Geschäften einzukaufen, konnte man nun alles zusammen in einem großen Haus bekommen. Erstmals wurden überhaupt so viele Dinge industriell hergestellt und etwas mehr als für den täglichen Bedarf eingekauft. Mode aus Paris und exotische Früchte aus der Südsee – das Shopping-Erlebnis wurde damals erfunden! Das KaDeWe war von Anfang an für anspruchsvolle Kunden gedacht – es durfte ruhig etwas teurer sein. Personenaufzüge und elektrisches Licht waren damals etwas Neues. Ein Friseursalon für Damen und Herren sowie ein Teesalon vervollständigten das luxuriöse Angebot.

Heute ist es nach dem Kaufhaus Harrods in London das größte in Europa. Über sechzigtausend Quadratmeter Verkaufsfläche – das entspricht der Fläche von etwa neun Fußballfeldern! Am bekanntesten ist die Feinschmecker-Abteilung im 6. Stock. Dort werden Früchte, Süßigkeiten, frischer Fisch oder Champagner angeboten und kaum ein Kunde verlässt das Kaufhaus, ohne die Abteilung besucht und über das riesige Angebot gestaunt zu haben.

Brot im KaDeWe

Brot ist nicht gleich Brot. Im KaDeWe gibt es französisches Brot, das nach Rezepten des französischen Bäckers Lenôtre hergestellt wird. Das Mehl dafür wird aus Frankreich importiert, im Keller gelagert und durch große Rohre – schwupps – nach oben in den 7. Stock gepumpt. Dort lagern in Silos 12 Tonnen Mehl. Das reicht aber nur für drei Wochen: Weil die Bäckerei täglich 1.000 leckere Brötchen, 300 knusprige Baguette-Stangen und 600 kräftige Brote herstellt. Schau's dir selbst an: Bestimmt findest du dein Lieblingsbrötchen dort!

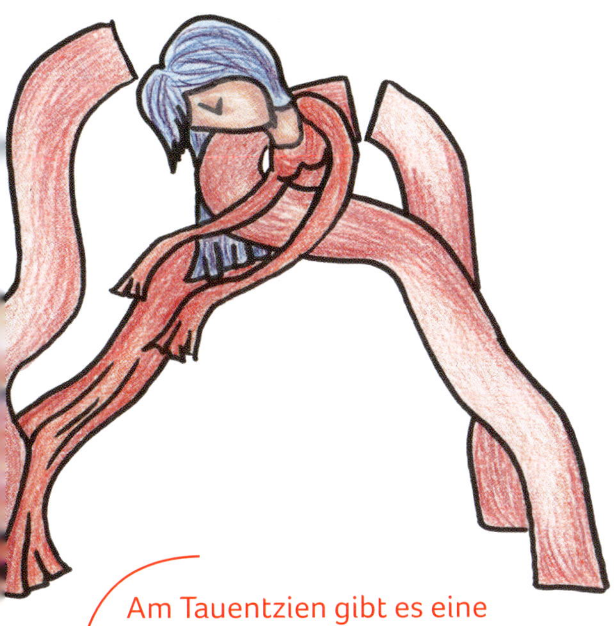

Tauentzien

Auch wenn der Kurfürstendamm viel bekannter ist, ist die Tauentzienstraße mit ihren günstigen Modeketten meistens stärker besucht. Benannt wurde sie nach einem preußischem Major mit vielen Vornamen: Bogislav Friedrich Emanuel Graf von Tauentzien-Wittenberg. Die Berliner haben es aber lieber kurz. Deshalb nennen sie die Straße immer nur »den Tauentzien«, so wie der Kurfürstendamm als »Kudamm« in aller Munde ist.

Der Tauentzien wurde vor über 100 Jahren wie viele andere Straßen in Berlin nach Pariser Vorbild als breiter, zum Flanieren und Einkaufen einladender Boulevard angelegt. Die berühmte Filmschauspielerin Marlene Dietrich wohnte hier als Kind. Schauspieler und Künstler verkehrten in den 20er Jahren des vergangenen Jahrhunderts in den Cafés und Geschäften. Im *Zweiten Weltkrieg* wurden fast alle Häuser zerstört und danach wieder auf- oder neu gebaut.

Am Tauentzien gibt es eine Skulptur, die den Namen »Berlin« trägt. Wie sieht sie aus? Wie heißt sie und warum heißt sie so?

Welche Spitznamen haben die Berliner den beiden Neubauten der Gedächtnis-Kirche, dem Turm und dem achteckigen Kirchengebäude, gegeben?

Kaiser-Wilhelm-Gedächtnis-Kirche

Wenn du den Tauentzien entlangspazierst und am Breitscheidplatz ankommst, siehst du die Ruine einer alten Kirche. Die Gedächtnis-Kirche war einmal sehr groß und hatte fünf Glocken. Diese läuteten bei der Eröffnung 1895 so laut, dass die Wölfe im nahe gelegenen Zoologischen Garten mitheulten!

Die Spitze des Hauptturmes und das Kirchenschiff wurden bei einem britischen Luftangriff im *Zweiten Weltkrieg* zerstört. Ende der 50er Jahre des vorigen Jahrhunderts wurde die Ruine gesichert und stehen gelassen. Die 71 Meter hohe Turmruine wird von den Berlinern treffend als »Hohler Zahn« bezeichnet. In der Eingangshalle der alten Kirche findest du das Nagelkreuz von Coventry. Es wurde aus Nägeln der Ruine der englischen Kathedrale von Coventry, die bei deutschen Luftangriffen 1940 zerstört wurde, geformt.

Neben die Reste der alten wurde eine neue Kirche gebaut. Der Architekt mit dem lustigen Namen Egon Eiermann hat sie entworfen. Vor allem von innen ist sie sehr schön. Geh mal hinein: Es ist ganz still, durch die Glasfenster fällt blaues Licht und eine große goldene Christusfigur hängt über dem Altar.

Die Kaiser-Wilhelm-Gedächtniskirche ließ *Kaiser Wilhelm II.* 1891 bis 1895 zur Erinnerung an seinen Großvater, *Kaiser Wilhelm I.,* erbauen. Heute erinnert das Ensemble aus der Turmruine, der neuen Kirche und dem neuen Turm an die Zerstörungen des Krieges und ist ein Symbol für den Frieden.

Breitscheidplatz

Auf dem Breitscheidplatz ist immer etwas los: Buden und Wurstverkäufer gibt es nicht nur zur Weihnachtszeit. In zwei Hochhäusern befinden sich das 2013 eröffnete Luxushotel Waldorf Astoria und das 2017 bezugsfertig gewordene Motel One Kudamm. Im Sommer kannst du dich an einem Brunnen abkühlen, den die Berliner »Wasserklops« nennen. Eigentlich heißt er »Weltkugelbrunnen«. Rund um eine große Kugel läuft das Wasser über Stufen und Figuren – eine ägyptische Statue, ein Mann mit einer Taucherbrille oder merkwürdige kleine Tiere. Schau mal, ob du sie entdecken kannst.

Was bezeichnet die chemische Formel H_2SO_4?

Finde die Formel am Weltkugel-Brunnen.

Bikini-Haus

Am Rande des Breitscheidplatzes ist ein neues Einkaufszentrum entstanden – das Bikini-Haus. Eine Besonderheit darin sind die hölzernen Boxen in der Mitte, die so ähnlich wie Tierkäfige aussehen. Vielleicht, weil direkt nebenan der Berliner Zoo ist? Warum nicht… In den Boxen können neu gegründete Firmen und Geschäfte ihre Produkte für kurze Zeit präsentieren, um an zentraler Stelle auf sich aufmerksam zu machen. Im Foodmarket Kantini wird Essen aus vielen verschiedenen Regionen der Welt angeboten. Du findest im Bikini-Haus auch eine Eisdiele mit vielen leckeren Eissorten und außerdem einen Bereich, wo Schaukelsessel von der Decke hängen. Durch große Glasfenster kannst du auf den Zoo schauen. Oben auf dem Bikini-Haus gibt es eine große begrünte Dachterrasse mit Cafés. Von dort aus kannst du sehen, wie die Paviane auf ihrem Felsen im Zoo herumklettern.

Jetzt kannst du je nach Wetterlage entscheiden: Gehst du in das traditionsreiche Kino Zoo Palast, wo sich im größten Saal die Decke wie ein Sternenhimmel wölbt? Oder in den ältesten Zoo Deutschlands mit fast zwanzigtausend Tieren? Wenn dir die Wahl schwerfällt, musst du einfach öfter herkommen.

Zoo Palast

Das erste Kino wurde hier 1915 erbaut. Zwanzig Jahre zuvor war der Film erst erfunden worden. Die Ausstattung des »Palasttheater am Zoo« orientierte sich deshalb zunächst an einem Theater. Es gab ein Orchester und eine Kinoorgel, manchmal trat eine Ballettgruppe auf. Auch das Palasttheater am Zoo wurde im *Zweiten Weltkrieg* zerstört. In dem neu gebauten, modernen Kino Zoo Palast gingen ab 1957 zum Filmfestival *Berlinale* viele Filmstars ein und aus.

Als die *Berlinale* 1999 zum Potsdamer Platz umzog, war das Kino nicht mehr so gut besucht und musste fast schließen. Aber ein Investor verliebte sich in den altmodischen Charme des denkmalgeschützten »Lichtspielhauses«, wie man ein Kino früher nannte, und ließ es umbauen und technisch erneuern. Seit 2013 kannst du im Zoo Palast in neuen, super bequemen Ledersesseln sitzen und in 7 Kinosälen Filme anschauen. Und die Kinderfilme der *Berlinale* werden hier auch wieder gezeigt.

Zoologischer Garten

Zu früheren Zeiten konnte man nicht wie heute überall hinfliegen und vielleicht in Afrika oder Indien einem Elefanten begegnen. Deshalb setzte sich der berühmte Naturwissenschaftler Alexander von Humboldt dafür ein, einen Zoo zu gründen. So konnten die Berliner ab 1844 zum ersten Mal lebende wilde Tiere aus anderen Ländern kennenlernen. Der Gartenbaudirektor Peter Joseph Lenné sorgte dafür, dass um die Tiergehege und Käfige herum ein schöner Park entstand.

Unter den Tieren gibt es immer welche, die von den Besuchern besonders geliebt werden. Das waren mal der Gorilla Bobby und das Nilpferd Knautschke mit seiner Tochter Bulette, später der Eisbär Knut. Seit 2017 sind die beiden chinesischen Pandabären Meng Meng und Jiao Qing die Stars des Berliner Zoos. Ihr Zuhause, der Panda-Garden mit einem chinesischen Pavillon, gilt als eine der schönsten Panda-Anlagen weltweit.

Pandazwillinge

Am 31. August 2019 werden Meng Meng und Jiao Qing Eltern. Das Zwillingspärchen Meng Xiang (»Ersehnter Traum«) und Meng Yuan (»Erfüllter Traum«) wird geboren. Es ist die erste erfolgreiche Panda-Geburt in Deutschland! Pandabären werden spärlich behaart und blind geboren. Im Alter von neun Monaten, ab 2020, dürfen die Jungtiere zum ersten Mal von den Zoobesuchern bestaunt werden. Die Berliner sind tierverrückt und haben den knuffigen Pandabären sofort die Spitznamen Pit und Paule verpasst.

Außerdem gibt es im Zoo ein Flusspferdhaus mit einer afrikanischen Flusslandschaft, eine Unterwasserwelt mit Pinguinen und das modernste Vogelhaus Europas, außerdem einen Streichelzoo und einen Abenteuerspielplatz. Du kannst bei Tierfütterungen zuschauen, eine Rallye buchen, deinen Geburtstag feiern oder eine Taschenlampentour im Aquarium machen.

Aquarium

Die japanischen Koi-Zierkarpfen kannst du streicheln, die Haie schaust du dir wahrscheinlich besser durch die Glasscheibe an. Süß- und Salzwasserfische, Seepferdchen und Vogelspinnen, Reptilien, Quallen oder Muscheln – das Berliner Aquarium gilt als eines der artenreichsten der Welt. Gegründet wurde es im 19. Jahrhundert vom sogenannten Tiervater Alfred Brehm, der so viele Menschen wie möglich naturkundlich bilden und zur Liebe zur Natur erziehen wollte.

Tour 7 Rund um den Nollendorfplatz Auf den Spuren von Emil und den Detektiven

Der Titel sagt alles. Also pack dein Exemplar von deinem Buch aus. Und viel Spaß beim Lesen.

1 U-Bahnhof Nollendorfplatz
2 Hotel Sachsenhof
3 Metropoltheater
4 Litfaßsäule

U-Bahnhof Nollendorfplatz

»Diese Autos! Sie drängten sich hastig an der Straßenbahn vorbei; hupten, quiekten, streckten rote Zeiger links und rechts heraus, bogen um die Ecke; andere Autos schoben sich nach. So ein Krach! Und die vielen Menschen auf den Fußsteigen! Und von allen Seiten Straßenbahnen, Fuhrwerke, zweistöckige Autobusse! Zeitungsverkäufer an allen Ecken. Wunderbare Schaufenster mit Blumen, Früchten, Büchern, goldenen Uhren, Kleidern und seidener Wäsche. Und hohe, hohe Häuser. Das war also Berlin.« Das ist ein Ausschnitt aus dem Buch »Emil und die Detektive« von Erich Kästner.

Der Junge Emil fährt mit dem Zug von Neustadt nach Berlin und steigt am Bahnhof Zoo aus. Auf der Fahrt ist er ein bisschen eingeschlafen und als er aufwacht, ist das Geld, das er seiner Großmutter mitbringen sollte, verschwunden. Es wurde ihm gestohlen, während er schlief! Emil springt gerade noch rechtzeitig aus dem Zug und verfolgt den Mann, den er verdächtigt, mit der Straßenbahn und dem Taxi durch die halbe Stadt. Er lernt den Jungen Gustav mit der Hupe und dessen Freunde kennen. Sie wollen ihm helfen und geben die »Parole Emil« aus. In der Motzstraße in Schöneberg verschwindet der Dieb in einem Hotel.

Hotel Sachsenhof

Dieses Hotel gibt es zwar auch in Wirklichkeit, aber es heißt nicht »Hotel Kreid«, sondern heute »Hotel Sachsenhof«. Du findest es leicht, wenn du mit der U-Bahn bis zum Bahnhof Nollendorfplatz fährst, den Nollendorfplatz überquerst und auf den großen Bau des ehemaligen Metropol Theaters zuläufst. Rechts daneben geht die Motzstraße ab. Im Hotel Sachsenhof zeigen dir die Angestellten einen steifen schwarzen Hut, der dem des Diebes in Erich Kästners Roman ähnlich ist. Das Treppenhaus sieht noch so schön alt aus, wie zu der Zeit von 1929, in der die Geschichte spielt. Auch die Zimmertür mit der Nummer 61 gibt es noch. Hier soll der Dieb, Herr Grundeis, gewohnt haben.

Aber das hat sich alles der Schriftsteller Erich Kästner nur ausgedacht. Er lebte in den zwanziger Jahren des vorigen Jahrhunderts in Berlin und hat mit »Emil und die Detektive« das erste Kinderbuch geschrieben, in dem ganz normale Leute vorkamen. Bis dahin hatte man Kindern meistens Märchen erzählt, in denen es Zauberer und Prinzessinnen gab. Erich Kästner beschrieb die Straßen und Plätze, die er selber gut kannte. Das Hotel Sachsenhof war damals bei Künstlern und Schriftstellern sehr beliebt. Am Nollendorfplatz gibt es seit 1902 den großen U-Bahnhof mit der prächtigen Kuppel. Hier kreuzen sich vier Linien, zwei fahren über und zwei unter der Erde.

Metropoltheater

Das große Metropol-Theater war 1929 mit der modernsten Bühnentechnik ausgestattet. Zu der Zeit, in der Emil im Buch einen Dieb gefangen hat, führte der bedeutende Theaterregisseur Erwin Piscator hier politisch kritische Theaterstücke auf. Emil und seine Freunde verstecken sich in der Geschichte im Hinterhof des Theaters am Nollendorfplatz und schlagen hier ihr günstig gelegenes Hauptquartier auf: »›Mit allem Komfort der Neuzeit‹, stimmte der Professor bei, ›Untergrundbahnhof gegenüber, Anlagen zum Verstecken, Lokale zum Telefonieren. Besser geht's gar nicht.‹« Auch das steht im Buch »Emil und die Detektive« von Erich Kästner.

Der eindrucksvolle und große Theaterbau wird nach längerer Schließung seit kurzem wieder für Showevents genutzt. Der Hinterhof wird meistens von einem Gitter verschlossen, aber vielleicht hast du Glück und kannst hineingehen.

Die Litfaßsäule

Jedes Kind, das einmal das Buch »Emil und die Detektive« in der Hand hatte, weiß, wie eine Litfaßsäule aussieht. Das Umschlagbild zeigt eine große weiße Säule, hinter der sich zwei Jungs verstecken. Der Platz, auf dem sie stehen, ist leuchtend gelb. Dieses Bild von Walter Trier hat sich allen Lesern eingeprägt. Obwohl so eine Säule wie eine große Tonne aussieht, hat ihr Name nichts mit einem Fass zu tun. Sie ist nach ihrem Erfinder benannt: Ernst Theodor Amandus Litfaß.

Mitte des 19. Jahrhunderts ärgerte er sich darüber, dass überall an Bäumen und Zäunen Plakate angeklebt wurden. Das sah unordentlich aus, fand er. Der Drucker Ernst Litfaß hatte die Idee, dass auf runden Säulen, die auf Straßen und Plätzen aufgestellt wurden, Platz für Plakate, Werbeschriften und auch offizielle Nachrichten wäre. 1855 wurde die erste Litfaßsäule in Berlin-Mitte aufgestellt. Die ehemals »wilden Plakate« sollten ab jetzt nur noch an die Litfaßsäulen geklebt werden.

Nun schau dich heute mal um in der Stadt: Das hat wohl nicht ganz geklappt…aber verstecken kann man sich dahinter immer noch prima. Ungefähr 2.500 Litfaßsäulen gibt es jetzt noch in Berlin.

Das Buch Emil und die Detektive ist seit seinem Erscheinen 1929 ein riesengroßer Erfolg. Es wurde in Deutschland millionenfach verkauft, außerdem in über 60 Sprachen übersetzt und mehrfach verfilmt. Erich Kästner gehörte zu den Autoren, dessen Bücher die *Nationalsozialisten,* die 1933 in Deutschland an die Macht kamen, verboten haben. Mehr über dieses Bücherverbot und die Bücherverbrennung hast du in Tour 3 erfahren.

Wen hat man in Berlin wohl spaßeshalber aufgrund seiner Erfindung einen »Säulenheiligen« und »Reklame-König« genannt?

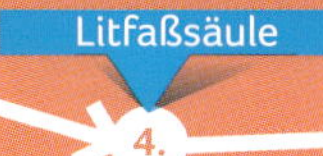

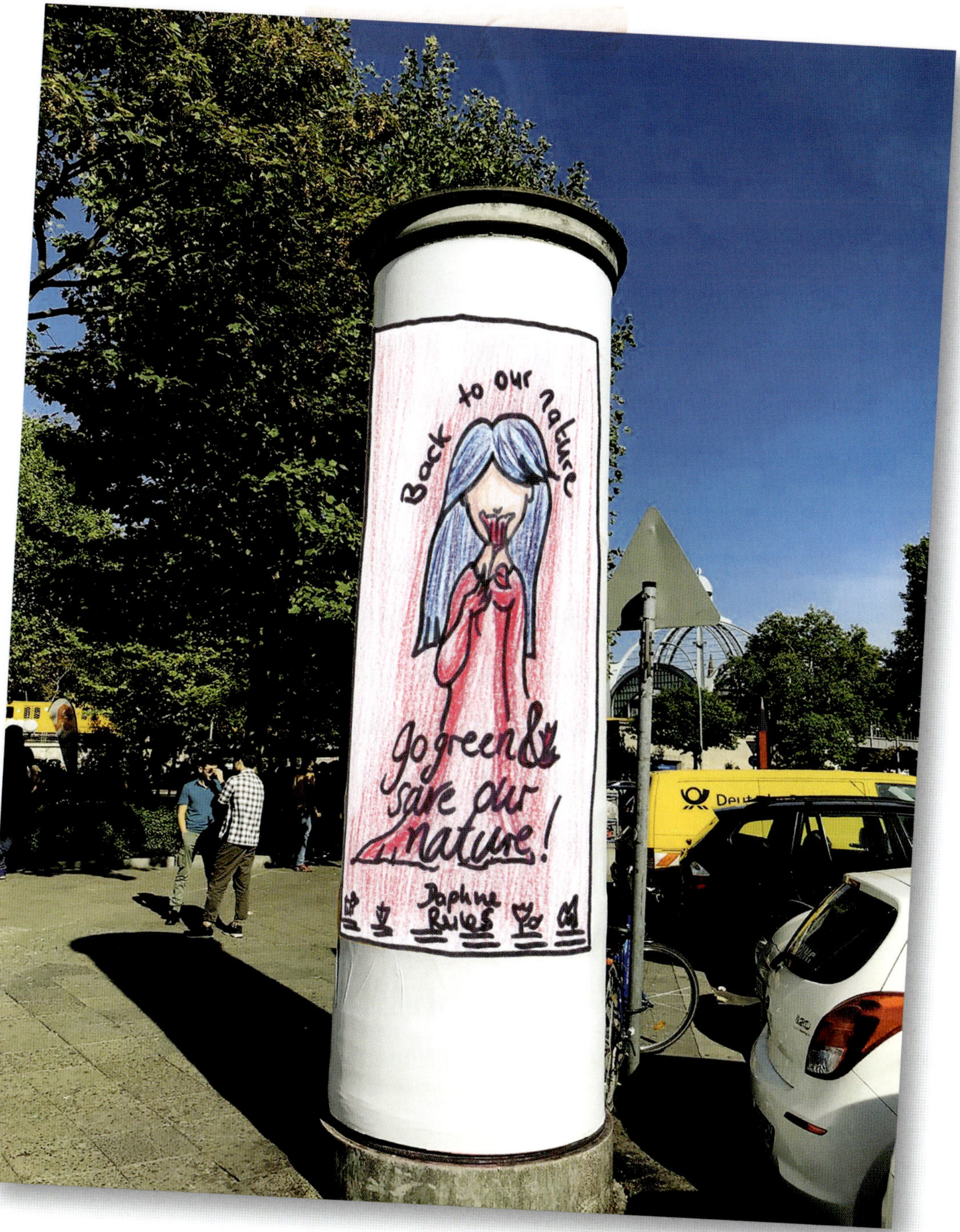
Back to our nature
go green &
save our
nature!
Daphne
Rules

Tour 8 Für Sternengucker, Wasserratten und Waldläufer

Berliner Bezirke: Treptow

Entspann dich und gucke auch du in die Sterne. Genieß es!

1 Treptower Park
2 Insel der Jugend
3 Restaurantschiff Klipper
4 Spreepark Plänterwald
5 Wasserspielplatz Plansche
6 Archenhold Sternwarte
7 Figurentheater Grashüpfer
8 Molecule Man
9 Arena
10 Badeschiff
11 Restaurant Freischwimmer

Treptower Park

Berlin ist eine Stadt, die am Wasser liegt. Das merkst du spätestens, wenn du an der S-Bahn-Station Treptower Park aussteigst. In wenigen Schritten bist du an der Promenade im Treptower Hafen, wo viele Ausflugsboote auf eine Spreefahrt warten. Hier flanieren im Sommer Familien mit Kindern, essen Eis und sitzen in der Sonne. In einer Reihe mit Buden sind kleine Streetfood-Stände untergebracht, wo Leckereien aus aller Welt verkauft werden: Burritos, Käsespätzle oder Räucherfisch.

Der Treptower Park wurde 1888 vollendet. Auf den geschwungenen Wegen kann man Radfahren, auf den großen Wiesen Ballspielen oder Picknicken. Einen Spielplatz gibt es sowohl im südlichen als auch im nördlichen Teil des Parks. Viele Kinder lassen sich im Sommer von der großen Wasserfontäne nass spritzen.

Insel der Jugend

Die Insel der Jugend ist über eine geschwungene Fußgängerbrücke zu erreichen. Hier gibt es einen Biergarten direkt am Wasser. Du kannst in Liegestühlen sitzen und die Füße im Wasser baumeln lassen. Ungefähr auf Höhe der Insel befinden sich zahlreiche Bootsverleihe an der Spree: Tret- oder Paddelboote, Kanus und Stehboards sind zu mieten. Im Sommer ist auf dem Wasser richtig viel los! In der kalten Jahreszeit verfällt der Treptower Park in eine Art Winterschlaf.

Restaurantschiff Klipper

Aber auf dem Restaurantschiff »Klipper«, das auf einem holländischen Segelschiff von 1890 eingerichtet ist, kannst du es dir auch im Winter gemütlich machen. Gleich hinter der Bootsanlegestelle beginnt der Plänterwald, ein kleiner Stadtwald mitten in Berlin.

Spreepark Plänterwald

Ein 45 Meter hohes Riesenrad war die größte Attraktion im »VEB Kulturpark Plänterwald«. Dieser größte Vergnügungspark der *DDR* wurde 1969 eröffnet. Zu *DDR*-Zeiten wurden in der Kinderfernsehserie »Spuk unterm Riesenrad« Gestalten aus der Geisterbahn – eine Hexe, ein Riese und das Rumpelstilzchen – zum Leben erweckt. Nach der *Wende* sausten die Besucher über die Gleise einer Achterbahn und unten zog die Parkeisenbahn ihre Kreise. Heute ist der Spreepark geschlossen und die Gleise der ehemaligen Achterbahn »Spreeblitz« sind von Pflanzen überwuchert. Das Gelände ist abgesperrt.

Mitten im Wald kannst du durch die Drahtzäune linsen. Vielleicht entdeckst du einen umgekippten Dinosaurier? Die Stadt Berlin plant, den Spreepark zu sanieren und wieder zu eröffnen. Aber es wird keinen neuen Rummelplatz geben, sondern eine Art Museum: z.B. soll es möglich sein, über die Gleise der ehemaligen Achterbahn zu spazieren. In dem alten Kaffeetassen-Karussell wird ein echtes Café eröffnet werden. Das Riesenrad soll sich als einziges Fahrgeschäft wieder drehen. 45 Meter hoch transportiert es die Fahrgäste, ein toller Blick über Wald und Wasser ist garantiert. Du kannst auch eine Führung durch diesen geheimnisvollen Ort buchen. Aber Achtung: Die Führungen sind sehr beliebt und schnell ausgebucht.

Wasserspielplatz Plansche

Mitten im Plänterwald liegt ein toller Wasserspielplatz, der schon zu *DDR*-Zeiten angelegt wurde. Im Sommer spritzt und sprüht es alle paar Minuten aus verschiedenen Duschen über der runden Planschfläche in der Mitte. Rundherum spenden die Bäume des Waldes Schatten. Wenn du lieber im Trockenen bleibst, kannst du auch auf dem dazu gehörigen Spielplatz schaukeln oder auf ein Piratenschiff klettern. Ein Eiswagen kommt gelegentlich vorbei. Den restlichen Proviant bringst du am besten selbst mit.

Archenhold Sternwarte

Die »Himmelskanone« war die Attraktion auf der Berliner Gewerbeausstellung im Treptower Park 1896! Das mit 21 Metern Brennweite längste bewegliche Linsenfernrohr der Erde wiegt 130 Tonnen und ist auch heute noch voll funktionsfähig. Da es zu teuer war, das Riesenfernrohr nach dem Ende der Ausstellung wieder abzubauen, ließ man es einfach stehen und baute schließlich ein einfaches Holzhaus drum herum. Damit war die Treptower Sternwarte gegründet – 1946 wurde sie nach ihrem Gründer, dem Astronomen Friedrich Simon Archenhold, in Archenhold-Sternwarte umbenannt. Sie war nicht nur bei der Berliner Bevölkerung beliebt, sondern auch für Wissenschaftler interessant.

1915 hielt der berühmte Physiker Albert Einstein, der damals in Berlin lebte, hier einen seiner ersten Vorträge zur Allgemeinen Relativitätstheorie. Schon 10 Jahre zuvor hatte Einstein mit seiner Speziellen Relativitätstheorie zu der Bewegung von Körpern in Raum und Zeit die Wissenschaft revolutioniert. Der geniale Physiker fand durch Berechnungen heraus, dass die Zeit abhängig ist von Raum, Geschwindigkeit und dem Standpunkt des Betrachters. Bestimmt hat Albert Einstein auch mal durch das Riesen-Fernrohr in den nächtlichen Sternenhimmel geschaut!

Die »Himmelskanone«

Bei einer Führung für Besucher ab 8 Jahren wird die »Himmelskanone« in Bewegung vorgeführt. Hindurchschauen darfst du natürlich auch. Anschließend wird im Zeiss-Kleinplanetarium der aktuelle Sternenhimmel in eine acht Meter große Kuppel projiziert und erklärt. Kinder ab 7 Jahren erfahren in der Geschichte »Als der Mond zum Schneider kam«, wie schwer es wäre, für den Mond eine passende Jacke zu schneidern, weil er immer abwechselnd dick und dünn wird. 12 Jahre solltest du alt sein, um durch ein 500-mm-Spiegelteleskop unter dem Motto »Nacht auf der Sternwarte« je nach Sichtbarkeit unterschiedliche astronomische Objekte zu betrachten. Kleinere Kinder können gemeinsam mit »Stubs, der kleinen Sternschnuppe«, Mond, Sonne und Saturn erkunden.

Figurentheater Grashüpfer

Etwas versteckt im Treptower Park liegt das Figurentheater Grashüpfer in einem kleinen Pavillon mit 60 Plätzen. Hier finden überwiegend Vorstellungen für kleinere Kinder statt: »Hänsel und Gretel« oder »Die Weihnachtsgans Auguste«. Für Schulkinder und Erwachsene gibt es ein anderes Angebot: Im Garten ist eine Jurte aufgebaut, wo die alte Kunst des Märchenerzählens gepflegt wird. Gemütlich um ein Feuer versammelt, hörst du Geschichten aus der ganzen Welt. Oder möchtest du vielleicht deinen Geburtstag hier feiern? Mit Frau Holle, Ritter Kunibert oder Prinzessin Tausendschön kannst du durch die Welt der Märchen reisen. Und wenn du gerne bastelst, kannst du an Bastelnachmittagen für Familien deine eigenen Puppen bauen.

Molecule Man

Wenn du vom S-Bahnhof Treptower Park aus nicht in den Park gehst, sondern die entgegengesetzte Richtung einschlägst, kommst du zur Arena. Am besten, du gehst die ca. 500 Meter an der Spree entlang, vorbei an den Hochhäusern, die »Treptowers« genannt werden. Eine Treppe führt hinunter ans Wasser. Bestimmt fällt dir sofort die riesige Statue auf, die sich hier aus dem Wasser erhebt – der »Molecule Man«. Die Skulptur ist 30 Meter hoch und zeigt drei Menschen, die sich die Hand reichen. Die Löcher in den Figuren symbolisieren die Moleküle, aus denen Menschen bestehen. Alle drei könnten aber auch als ein einziger Mann oder Mensch gesehen werden.

Was ist ein VEB?

Was stellt der »Molecule Man« dar?

Arena

Die Arena ist ein großes Gebäude, das in den 1920er Jahren als Halle gebaut wurde, in der Busse untergestellt und repariert wurden. Es steht unter *Denkmalschutz,* d.h. alle Veränderungen am Haus müssen mit den hierfür zuständigen Behörden abgesprochen werden. Das ursprüngliche Erscheinungsbild soll erhalten bleiben. Hier finden viele verschiedene Veranstaltungen statt: Partys, Messen und Konzerte. Am Wochenende gibt es immer einen großen Flohmarkt. Hinter der Arena findest du im Sommer das Badeschiff.

Badeschiff

Schwimmen in der Spree: Das geht leider noch nicht! Das Wasser ist zurzeit nicht sauber genug. Aber wusstest du, dass man auch in Schiffen schwimmen kann? Vor der Arena liegt ein Badeschiff vor Anker. Ein 30 Meter langer Schubleichter wurde zu einem Schwimmbad umgebaut. Das ist ein Boot, das keinen eigenen Antrieb hat, also gezogen oder geschoben werden muss. Aber das Badeschiff liegt immer fest am Ufer. Es ist über Holzbrücken mit dem Ufer verbunden. Am Badeschiff gibt es einen Sandstrand mit Liegestühlen. Vom Schwimmbad aus hat man einen weiten Blick über die Spree. An heißen Ferientagen kann es hier sehr voll werden.

Das Becken ist zwei Meter tief und nur für Schwimmer geeignet. Kinder sollen in Begleitung eines Erwachsenen baden. Für kleinere Kinder gibt es einen Extra-Bereich zum Planschen und Buddeln. An einer Strandbar kannst du dich mit Essen und Getränken versorgen. Mitgebrachter Proviant wird dir am Eingang leider abgenommen.

Restaurant Freischwimmer

Wenn es dir im Badeschiff zu voll ist, findest du nicht weit entfernt einen kleinen Bootsverleih mit alten Tretbooten aus *DDR*-Zeiten, die wie kleine Rennboote aussehen. Der Bootsverleih liegt etwas versteckt an der Spitze der Lohmühleninsel, hinter dem »Restaurant Freischwimmer«. Hier kannst du ein Kanu ausleihen und mit dem Boot auf der Spree um den Molecule Man herum paddeln.

Das Lokal wurde vor 20 Jahren in alten Bootshäusern auf der Lohmühleninsel direkt am Wasser eingerichtet. Kalbsschnitzel oder Suppe, Königsberger Klopse, Rührei oder Salat – hier wird überwiegend deutsches Essen serviert. Aber es gibt auch Flammkuchen und Nudeln. Im Sommer sitzt du draußen auf schmalen Holzterrassen, in Winter drinnen am Kamin.

Tour 9 Wasserfall & Schokolade im Kiez Berliner Bezirke: Kreuzberg

1 Kreuzberg / Wasserfall
2 Viktoriapark
3 Biergarten Golgatha
4 Sarotti-Höfe
5 Bergmannstraße
6 Chamissoplatz
7 Theater im Bergmannkiez
8 Kurt-Mühlenhaupt-Höfe
9 Tempelhofer Feld
10 Flughafen Tempelhof
11 Luftbrückendenkmal
12 Fichtebunker

Kreuzberg / Wasserfall

Ein Hügel mitten in der Stadt gab dem Bezirk seinen Namen – der Kreuzberg. Mit 66 Metern ist er der höchste natürliche »Berg« in der Berliner Innenstadt. Ein künstlicher Wasserfall, der an einen echten Wasserfall im Riesengebirge erinnern soll, fließt an ihm herab. Wenn du an der Bushaltestelle Kreuzberg / Wasserfall der Busline 140 aussteigst, stehst du direkt vor dem Teich, in den das Wasser fließt. Entlang des Wasserfalls führt ein gewundener Weg nach oben, dazwischen gibt es immer wieder flache Stellen, in denen man im Sommer planschen kann. Auch die Gebirgslandschaft ist künstlich angelegt. Oben angekommen, hast du eine tolle Sicht über die Stadt. Außerdem steht dort ein großes Denkmal, das 1821 eingeweiht wurde.

Früher hieß der Hügel Tempelhofer Berg, an seinen Hängen baute man Wein an. 1815 bekam der Berliner Baumeister Karl-Friedrich Schinkel den Auftrag, zur Erinnerung an die Schlachten der sogenannten *Befreiungskriege* ein Denkmal zu schaffen. In diesen Kriegen ging es darum, sich von der Herrschaft des französischen Kaisers *Napoleon* zu befreien, der halb Europa erobert hatte.

Wer sich in den Schlachten gegen *Napoleon* als besonders tapfer erwiesen hatte, sollte einen Orden erhalten. Eine neue Auszeichnung wurde erfunden: das Eiserne Kreuz, ein schlichtes, aus Eisen geformtes Kreuz, silbern gerahmt. Diesen Orden konnte jeder Soldat erhalten, auch wenn er aus einer einfachen Bauernfamilie stammte. Das war etwas Neues. Bis dahin konnten nur hochstehende Offiziere ausgezeichnet werden.

Der Baumeister Karl-Friedrich Schinkel sollte nicht nur das Nationaldenkmal, sondern auch diesen Orden gestalten. Und weil ihm der Gedanke so gut gefiel, dass jeder Mensch den gleichen Orden bekommen konnte, wählte er das Kreuz auch als Form für den Grundriss seines großes Befreiungsdenkmals. Der Tempelhofer Berg wurde in Kreuzberg umbenannt und später erhielt der ganze Bezirk diesen Namen.

Viktoriapark

Die Grünfläche rund um das Denkmal und der Wasserfall wurden erst viel später, im Jahr 1888, angelegt. Benannt wurde der Park nach der Frau des Kaisers Friedrich III. – Viktoria. Wenn du auf der anderen Seite des Bergs herunterwanderst, findest du große Liegewiesen zum Picknicken und Ballspielen. Am westlichen Rande des Parks gibt es einen Spielplatz mit neuen Holzspielgeräten und den bekannten Biergarten Golgatha.

Finde die Namen Großgörschen, Großbeeren und Katzbach auf dem Denkmal.

Was verbindet diese Namen?

Finde den großen, auf die Hauswand gemalten Sarotti-Mohr.

Was ist ein Schlafbursche?

Sarotti-Höfe

Vom Kreuzberg aus gelangst du über die Katzbachstraße auf den Mehringdamm. Hier lohnt es sich, von der Straße aus in die alten Höfe der ehemaligen Schokoladenfabrik Sarotti zu schauen.

Edle Pralinen nach französischen Rezepten: Das war im 19. Jahrhundert in Berlin etwas Neues, was sich nicht jeder leisten konnte. In der Fabrik am Mehringdamm wurde ab 1883 Schokolade gemischt und gewalzt. Verkauft wurden die Pralinen dann nicht im Arme-Leute-Viertel Kreuzberg, sondern auf der eleganten Friedrichstraße in teuren Geschäften. Bis zu 1.800 Arbeiter wurden damals in der Fabrik beschäftigt. Kennzeichen der Firma war und ist der »Sarotti-Mohr«.

Wenn du durch die sechs Höfe streifst, siehst du, wie früher in Berlin gebaut wurde. Auch heute noch solltest du wissen, ob jemand im ersten, zweiten oder dritten Hinterhof wohnt, damit du seine Wohnung auch findest! Die Post- und Paketzusteller müssen den Empfänger oft in verschiedenen Seitenhäusern und Quergebäuden suchen. In den Gebäuden, die vorne an der Straße liegen, ist heute ein Hotel untergebracht, das wegen seiner zentralen Lage gern gebucht wird.

Was ist mit »Berliner Rangen« gemeint?

Die Mietskasernen

Die Menschen in Berlin lebten früher sehr dicht beieinander in kleinen Wohnungen. Von zwei Zimmern war oft nur eins beheizbar: Die Küche wurde mit einem Kohleofen gewärmt. Hier spielte sich das gesamte Familienleben ab. Fünf bis 10 Menschen pro Küche waren keine Seltenheit. Badezimmer gab es damals nicht. Die Toiletten befanden sich auf der halben Treppe im Treppenhaus oder im Hinterhof und wurden von sehr vielen Menschen benutzt.

Seit 1850 zogen immer mehr Menschen vom Land in die Stadt, um in den neu gegründeten Fabriken zu arbeiten. 1871 zählte die Hauptstadt 826.000 Einwohner. 1914 waren es bereits mehr als zwei Millionen. Die Menschen kamen aus Brandenburg, Ostpreußen oder Schlesien nach Berlin. Damit sie alle eine Wohnung oder wenigstens einen Schlafplatz finden konnten, baute man die sogenannten Mietskasernen. Früher hatte man nur am vorderen Rand eines Grundstückes ein Haus gebaut und dahinter einen Garten angelegt. Nun wurden die Grundstücke so dicht bebaut, dass für Gärten kein Platz mehr war.

Dafür gab es in den oft lichtlosen Hinterhöfen auch viele kleine Handwerksbetriebe, Ställe mit Tieren oder Fabriken. Teilweise lebten die Menschen sogar mit den Tieren zusammen in den Erdgeschoss- oder Kellerwohnungen. Die Höfe mussten nur so groß sein, dass ein von Pferden gezogener Feuerwehrwagen mit Wasserspritze wenden konnte: genau 5,34 Meter mal 5,34 Meter. Die Häuser durften nur so hoch sein, wie die Straße breit war. Wenn ein Haus einmal zusammenstürzen sollte, konnte das Haus gegenüber nicht beschädigt werden. Außerdem kamen die Feuerwehrleute mit ihren Spritzen früher nicht höher als 22 Meter. Also durften die Häuser maximal 22 Meter hoch gebaut werden.

Heute sind die Wohnungen renoviert und die Häuser stehen in den Hinterhöfen nicht mehr so dicht. Die größeren Wohnungen in den Vorderhäusern sind inzwischen sehr beliebt und oft teuer.

Bergmannstraße

Nun spazierst du den Mehringdamm hinunter in Richtung Bergmannstraße. Hier gibt es viele Cafés, Restaurants und kleine Geschäfte. Wenn du dir die Fassaden der alten Häuser anschaust, kannst du dir vielleicht vorstellen, wie die Menschen früher darin gelebt haben. Die Mischung aus Wohnungen, Geschäften und Betrieben wird von den Bewohnern *Kiez* genannt.

Heinrich Zille – der Pinselheinrich

»Gehen Sie lieber auf die Straße hinaus, ins Freie, beobachten Sie selber.«
Diesen Rat bekam Heinrich Zille als junger Mann von seinem Zeichenlehrer. Der Maler ist berühmt geworden mit seinen Zeichnungen von Frauen, Männern und Kindern auf den Berliner Straßen und Hinterhöfen. Heinrich Zille war selber der Sohn eines armen Handwerkers und kannte »sein Milljöh«, wie es im Titel eines seiner Bücher hieß. Milieu – dieser Begriff bezeichnet die Umgebung, in der Menschen wohnen, leben und arbeiten. Vor allem die Kinder hatten es dem Berliner Volksmaler angetan. Er malte sie so dreckig oder verrotzt, wie er sie auf der Straße sah. Er zeigte, wie arm sie waren, und schrieb witzige Gedichte im *Berliner Dialekt* dazu. Die Berliner haben ihm den Spitznamen »Pinselheinrich« verpasst. Er lebte von 1858 bis 1929.

»Jibt dir det Leben een Puff,
denn weine keene Träne!
Lach dir'n Ast und setz dir druff
und baumle mit de Beene.«
Heinrich Zille

Chamissoplatz

Wenn du wissen möchtest, wie die Stadt Berlin zu Zeiten des Malers Heinrich Zille ausgesehen hat, musst du in eine Seitenstraße der Bergmannstraße abbiegen. Über die Nostitz- oder die Schenkendorfstraße kommst du zum Chamissoplatz. Die mit Stuck geschmückten Häuserfassaden, das alte Kopfsteinpflaster und die Hinterhöfe – fast alles stammt aus der Zeit, als Deutschland noch einen Kaiser hatte. Die Häuser sind allerdings bestens renoviert und die Bewohner sind heute eher wohlhabend. In der Mitte des Platzes ist ein großer Spielplatz für Familien mit Kindern. Samstags findet hier der älteste Berliner Ökomarkt statt, auf dem man Obst und Gemüse, Kräuter und Käse von Bauern aus der Umgebung kaufen kann.

Theater am Bergmannkiez

Wenn du vom Chamissoplatz aus in die Kopischstraße abbiegst, kommst du zur Fidicinstraße. In der Hausnummer 40 gibt es im Hinterhof ein kleines Puppentheater, das Theater im Bergmannkiez. In den ehemaligen Gewerberäumen auf dem Hof spielen auch andere Theatergruppen.

Kurt-Mühlenhaupt-Höfe

Früher gehörten die Häuser dem Maler und Bildhauer Kurt Mühlenhaupt. Er wollte gerne, dass sich auch andere Künstler hier ansiedeln. Kurt Mühlenhaupt wurde bekannt damit, dass er den Kreuzberger *Kiez* und seine Bewohner malte. Er liebte aber auch die Landschaft rund um Berlin, zeichnete die Raben auf den Feldern und erschuf eine Menge Gartenzwerge in allen Farben und Größen. Einige davon sind im Hof aufgestellt. Die Tierfiguren, die Anna Fregin und Daniel Wagner in ihren Puppentheaterstücken einsetzen, sind genau so niedlich und witzig wie die Zwerge von Kurt Mühlenhaupt. Und sieben Zwerge gibt es hier auch!

Der Maler Kurt Mühlenhaupt hat den Spruch »Wir und die Frösche brauchen frische Luft« auf eine Häuserwand gepinselt. Findest du ihn? (Tipp: Du musst aus den Höfen heraus und einmal um den Block laufen.)

Tempelhofer Feld

Eine über 300 Hektar große Freifläche mitten in der Stadt – hier ist Platz zum Fahrradfahren, Drachensteigen lassen oder Grillen. Hobbygärtner bauen Gemüse an, Skater brausen die langen, ehemaligen Lande- und Rollbahnen entlang und einmal im Jahr findet das große Fest der Riesendrachen statt. 30 Meter lange Wale fliegen am Himmel, luftige Teddybären begegnen Batman oder Elvis Presley. Manchmal werden auch Hunderte von Schafen auf das Tempelhofer Feld geschickt, um das Gras abzufressen. Oder bist du ein Fan von Streetkiten? Auf einem Longboard zu stehen und gleichzeitig einen Drachen fliegen zu lassen, ist allerdings ziemlich schwierig. Vor allem in den Kurven!

Das Tempelhofer Feld war ursprünglich ein Exerzierplatz für Soldaten. Später wurde hier Fußball gespielt: Die ersten Berliner Fußballvereine errichteten Ende des 19. Jahrhunderts ihre Sportplätze auf dem Gelände. 1923 eröffnete der Berliner Flughafen. Während der Luftbrücke 1948 / 49 wurde Berlin durch die Flugzeuge, die auf dem Tempelhofer Flughafen landeten, mit Lebensmitteln versorgt. Seit der Flughafen 2008 geschlossen und das Tempelhofer Feld 2010 für alle frei gegeben wurde, ist hier mitten in der Stadt ganz viel Platz.

Der Traum vom Fliegen

Auf dem Tempelhofer Feld ist immer etwas los, aber manche Bewohner brauchen auch ihre Ruhe: Für die Feldlerchen werden bestimmte Gebiete jedes Jahr abgesperrt, damit die Vögel ungestört ihre Jungen in kleinen, in den Sand gescharrten Löchern im Gras ausbrüten können. Es gibt auf dem Tempelhofer Feld zehnmal so viele Feldlerchen wie auf einem normalen Acker auf dem Land.

Am Columbiadamm befindet sich einer der 10 Eingänge. Der Eintritt ist frei. Grill- und Hundeauslaufgebiete sind extra ausgewiesen. Nachts ist das Feld geschlossen.

Am Ende des 18. Jahrhunderts stiegen die Menschen mit großen Heißluftballons in den Himmel auf. Der alte Traum vom Fliegen sollte endlich wahr werden! Aber das war nicht so einfach. Mitunter gerieten die Ballons in Brand und stürzten ab. Der Luftschiffer Leutnant Hugo vom Hagen fotografierte aus einem Ballon erstmals Berlin von oben – das waren völlig neue Aussichten! Der Ballon »Preussen« war einer der größten seiner Zeit. 48 Männer mussten den Ballon, der mit 5.400 Kubikmeter Wasserstoff gefüllt war, an Halteleinen festhalten. Am 31. Juli 1901 hob der Ballon, vollgepackt mit Sauerstofflaschen und Rentierpelzen, vom Tempelhofer Feld ab und stieg tatsächlich in die unglaubliche Höhe von über 10.000 Metern auf.

Zum ersten Mal waren Menschen so hoch in der Luft! Die beiden Insassen, Arthur Berson und Reinhard Süring vom Königlichen Meteorologischen Institut, wurden wegen der großen Höhe im offenen Korb des Ballons ohnmächtig, landeten aber glücklich wieder auf der Erde (im Kreis Cottbus) und stellten einen 30 Jahre gültigen Weltrekord auf. Die Luftfahrt entwickelte sich jetzt ganz schnell weiter. Am 29. August 1909 schwebte das von Ferdinand Graf von Zeppelin finanzierte Luftschiff LZ6 eine halbe Stunde lang über dem Tempelhofer Feld. 300.000 Berlinerinnen und Berliner und *Kaiser Wilhelm II.* schauten von unten bewundernd zu. Nur fünf Tage später startete der Amerikaner Orville Wright den motorisierten Doppeldecker, den er zusammen mit seinem Bruder Wilbur entwickelt hatte, und drehte mit einer beachtlichen Geschwindigkeit von 50 bis 60 Stundenkilometern acht Runden über dem Feld. Noch wusste man nicht genau, wem die Zukunft gehören würde: den mit Gas gefüllten Luftschiffen oder den Motorflugzeugen?

Flughafen Tempelhof

Schon 1930 war Tempelhof einer der größten Flughäfen Europas. Zuerst mussten die Passagiere noch mit Sturzhelmen und Schutzbrillen ins Flugzeug klettern. Später konnten sie in geschlossenen Kabinen mit Sesseln bequem ihrem Ziel entgegenschweben. Die ersten Flugbegleiterinnen mussten ausgebildete Krankenschwestern sein – schließlich war jeder Flug noch eine kleine Mutprobe! Der Reiseproviant wurde in Picknickkörben angeboten.

Die 1926 gegründete Deutsche Lufthansa AG verfügte schon 1932 über eine Flotte von 155 Maschinen, die ein Streckennetz von mehr als 27.500 Kilometer abflogen. Dafür brauchte man natürlich einen großen Flughafen. Das Gebäude, das du heute noch sehen kannst, wurde von 1936 bis 1939 erbaut. Aber auch dieser Flughafen wurde irgendwann zu klein.

Vor dem Flughafengebäude steht ein Adlerkopf auf einem Podest. Er gehörte zu einem riesigen Adler, der sich ursprünglich auf einer großen Weltkugel festkrallte. Adler und Weltkugel waren zusammen 6 Meter hoch und thronten auf dem Dach des Empfangsgebäudes. Der Flughafen wurde um- und ausgebaut, als die *Nationalsozialisten* Deutschland beherrschten. Mit dem Symbol des Adlers wollten sie ihre Macht und ihre Stärke demonstrieren. Du findest auf dem Gebäude auch noch mehr Adler an den Wänden.

Auf dem großen Platz vor dem Flughafengebäude befindet sich ein Adlerkopf. Finde ihn!

Woher hat das Tempelhofer Feld seinen Namen?

Wie nennen die Berliner das Luftbrückendenkmal?

Der Flughafen Tempelhof wird für Besucher umgebaut. Auf dem Dach wird eine Geschichtsgalerie sowie eine große Aussichtsplattform errichtet. Im Hangar 7 ist zukünftig das Alliiertenmuseum untergebracht. Ab 2022 werden hier z.B. das Original-Kontrollhäuschen vom Checkpoint Charlie, Überreste eines Spionage-Tunnels oder ein britisches Transport-Flugzeug aus der Zeit der Luftbrücke zu sehen sein. Aus dem ehemaligen Tower kannst du ab 2020 rundum das Flughafen-Gelände überblicken.

Es gibt verschiedene regelmäßige Führungen durch den Flughafen Tempelhof. Mit der Führung »Verborgene Orte« gelangst du z.B. in den Untergrund des Gebäudes, in Luftschutzräume, Bunker und Kellergewölbe.

Luftbrückendenkmal

Einige Jahre nach dem Krieg waren die Berliner in einer schwierigen Situation: Die Regierung der Sowjetunion sperrte alle Wege zu Wasser und zu Land rund um *West-Berlin*. Diese *»Berlin-Blockade«* sollte die Menschen in der Stadt aushungern und die Wirtschaft lahmlegen. Keine Waren und keine Lebensmittel konnten mehr in die Stadt gebracht werden, *West-Berlin* war komplett abgeschnitten. Diese Blockade war Teil des Machtkampfes zwischen den Regierungen der Sowjetunion und der USA. Aber die Bewohner Berlins mussten darunter leiden. In dieser Situation kam die amerikanische Regierung auf die Idee, die Stadt aus der Luft zu versorgen. Also landeten amerikanische und britische Piloten mit ihren Flugzeugen in Tempelhof, an Bord Lebensmittel wie Zucker, Mehl, Wurst und Kaffee. Aber auch Kohlen und Maschinenteile wurden zwischen dem 26. Juni 1948 und dem 30. September 1949 mit Flugzeugen nach *West-Berlin* gebracht.

Diese sogenannte »Luftbrücke« rettete vielen Menschen das Leben. Um daran zu erinnern, wurde ein Luftbrückendenkmal errichtet und der Platz vor dem Flughafen »Platz der Luftbrücke« genannt.

Fichtebunker

Im *Zweiten Weltkrieg* wurde die Stadt Berlin bei Kämpfen und Bombenangriffen stark zerstört. Eine wichtige Rolle während des Krieges spielten die Luftschutzbunker. Bunker sind Gebäude, die durch besonders dicke Mauern geschützt sind. Hierhin konnten sich die Menschen während der Luftangriffe der Flugzeuge flüchten. Schutz boten auch die Keller der Häuser oder U- und S-Bahnhöfe, von denen manche für einen längeren Aufenthalt eingerichtet waren. Besonders in der Nacht flogen die Maschinen der Alliierten über die Stadt und warfen Bomben ab, die viele Menschen töteten und die meisten Häuser zerstörten.

Der Fichtebunker wurde speziell für berufstätige Mütter und ihre Kinder ausgebaut. In dem ehemaligen Gasometer von 1874 konnten 6.500 Frauen mit ihren Kindern Platz finden. Die mit Stahlbeton verstärkten Wände waren 2 Meter dick, die Decke sogar drei Meter. Mütter und Kinder durften während der Luftangriffe hier übernachten, auch mehrere Tage hintereinander.

Durch den Bunker führten lange Flure, von denen viele Türen abgingen. Hinter jeder Tür war ein kleines Zimmer. Zimmer mit sechs Doppelstockbetten wurden mit je 10 Menschen belegt, die sich Waschräume und Toiletten geteilt haben. Es gab keine Fenster, aber ein ausgeklügeltes Belüftungssystem versorgte alle Räume mit Sauerstoff. In der Krankenstation waren die Wände teilweise mit fluoreszierender Farbe gestrichen, damit man noch etwas sehen konnte, falls der Strom ausfiel. Der Bunker war im Vergleich zu anderen recht komfortabel und verfügte sogar über einen Aufzug mit Fahrstuhlführer.

Im Winter 1944 bis 1945 wurde Berlin ständig bombardiert. Bis zu 30.000 Menschen strömten in diesen Nächten in den Fichtebunker und standen dann dicht gedrängt in den Gängen. In der Nacht zum 3. Februar 1945 traf eine Bombe das Dach, aber die Menschen spürten nur ein leichtes Vibrieren.

Nach dem Ende des Krieges am 8. Mai 1945 kamen viele Menschen nach Berlin, die geflüchtet waren, und fanden unter anderem im Fichtebunker kurzfristig eine Unterkunft. Der Bunker wurde später als Altenheim und Unterkunft für Obdachlose genutzt, bis er 1963 geschlossen wurde.

Heute kannst du hier im Rahmen der Führung »Mama, was ist ein Bunker?« den Bunker besichtigen und – mit Taschenlampen ausgerüstet – einen unbeleuchteten Abschnitt erkunden (für Kinder von 5 bis 10 Jahren).

Wem gehört das Bike?
Das steht hier einfach so rum.

Tour 10

Schön grün! Idylle am Kollwitzplatz

Lecker Essen in den Foodtrucks.
Nix wie hin.

1 Wasserturm
2 Kollwitzplatz
3 Theater o.N.
4 Kulturbrauerei

Wasserturm

Wenn du aus der Straßenbahn steigst und die Knaakstraße hinunterläufst, siehst du bald schon einen massigen Turm auf einem Hügel. Das »Dicker Hermann« genannte Gebäude ist ein alter Wasserturm. Steigst du auf den ungefähr 50 Meter hohen Hügel, hast du eine schöne Aussicht über die Häuser und Straßen. Früher wurde an den Hängen Wein angebaut. Oben findest du einen großen, kreisrund gemauerten Sockel. Das ist ein ehemaliges Wasserbecken. Das Wasser wurde hier vor hundert Jahren als Trinkwasser für die Berliner Bevölkerung gespeichert.

Über eine gewundene Treppe auf der anderen Seite des Hügels (Prenzlauer Berg) kommst du zu einem großen, schattigen Spielplatz, der 2017 erneuert wurde: Es gibt einen Bereich für kleinere und einen für größere Kinder, eine Wasserspielanlage mit einem Tisch zum Matschen mit Sand, zwei große Spiel-Kletterkombinationen, einen Bolz- und Basketballplatz und vieles mehr.

Woher hat der Stadtbezirk Prenzlauer Berg seinen Namen?

Wasser marsch!

Hahn auf: Wasser läuft – Hahn zu: Wasser stoppt. Das ist praktisch. Aber früher floß Wasser nicht einfach aus der Leitung, sondern musste aus Flüssen oder Brunnen geholt werden. 1850 hatte die Stadt Berlin schon rund 420.000 Einwohner. Die Berliner versorgten sich mit Trinkwasser aus Ziehbrunnen und den dicken Handpumpen, die du noch an manchen Straßen findest. Mit ihnen wurde das Grundwasser aus der Tiefe geholt und in Eimern nach Hause getragen. Englische Ingenieure baute 1856 das erste Berliner Wasserwerk. Das Wasser kam aus der Spree, wurde gefiltert und über Rohre in die Häuser hochgepumpt.

Gleichzeitig wurde auf dem Prenzlauer Windmühlenberg ein hoher Wasserturm errichtet, in dem Grundwasser gespeichert werden konnte. Ein Wasserturm musste mindestens so hoch sein wie die umliegenden Häuser. Nur so konnte das Wasser bis in die oberste Wohnung steigen. Der Turm »Dicker Hermann«, 30 Meter hoch, ergänzte 1877 seinen kleineren Vorgänger und versorgte gemeinsam mit ihm fast alle Haushalte im Berliner Norden mit Wasser. Der Turm hatte sechs Stockwerke mit Wohnungen. Darüber gab es einen großen Wasserbehälter für 1.200 Kubikmeter gereinigtes Grundwasser. Wenn da mal etwas kaputtgegangen wäre, wären die Bewohner des Hauses ziemlich nass geworden! Seit 1952 wird der Wasserturm nur noch bewohnt, aber nicht mehr als Wasserspeicher genutzt.

Wenn du vom Wasserturmplatz aus weiter die Knaackstraße entlanggehst, kommst du zum Kollwitzplatz. Die schönen alten Häuser waren zu *DDR*-Zeiten zum Teil ziemlich kaputt und sollten abgerissen werden. Aber die Bewohner wehrten sich dagegen, begrünten die alten Hinterhöfe und setzten sich für den Bau von Spielplätzen ein. Hier wohnten viele Künstler und Studenten, die mit der damaligen Regierung nicht einverstanden waren und in der sogenannten Bürgerbewegung gegen deren Politik protestierten. Heute ist der Kollwitz-Kiez ein sehr begehrtes und ziemlich teures Wohnviertel.

Käthe Kollwitz

Die Namensgeberin, Käthe Kollwitz, wünschte sich, dass es in der Welt gerechter und friedlicher zugehen sollte. Die Bildhauerin und Grafikerin lebte von 1867 bis 1945. Sie zeigte in ihren Bildern häufig arme Leute, z.B. die Weber. Das waren Handwerksleute, die um 1850 in Heimarbeit Stoffe herstellten. Dafür bekamen sie von ihren Auftraggebern, den wohlhabenden Kaufleuten, nur wenig Lohn und waren meistens sehr arm. Käthe Kollwitz' Sohn Peter meldete sich freiwillig zur Teilnahme am *Ersten Weltkrieg.* Aber schon nach wenigen Wochen fiel er, nur 18 Jahre alt, in Belgien in einer der ersten großen Schlachten des *Ersten Weltkriegs.* Käthe Kollwitz schuf in ihrem Leben mehrere Skulpturen, die Eltern oder Mütter zeigen, die um ihre Kinder trauern. Auf einem bekannten Plakat von ihr reckt eine Frau ihren Arm entschlossen in die Höhe zu den Worten: »Nie wieder Krieg!«.

Kollwitzplatz

»Wenn ich mich mitarbeiten weiß, in einer internationalen Gemeinschaft gegen den Krieg, hab' ich ein warmes, durchströmendes und befriedigendes Gefühl. (...) Ich will wirken in dieser Zeit, in der die Menschen so ratlos und hilfsbedürftig sind.«
(Käthe Kollwitz (1989), Tagebuch. In: Bohnke-Kollwitz, J. (Hrsg.) Die Tagebücher der Käthe Kollwitz. Berlin: Akademie Verlag)

Die meisten Menschen waren damals der Meinung, dass Frauen sich um die Kinder kümmern und nicht berufstätig sein sollten. Deshalb war es für Käthe Kollwitz nicht einfach, sich als Künstlerin durchzusetzen. Sie war aber die erste Frau, die 1919 zum Mitglied der Preußischen Akademie der Künste ernannt wurde. Käthe Kollwitz lebte mit ihrem Mann, dem Arzt Karl Kollwitz, von 1891 bis 1944 in der Weißenburger Straße 25. Karl Kollwitz führte seine Praxis als Armenarzt, d.h. er behandelte mittellose, nicht krankenversicherte Patienten. 1947 wurden der Wörtherplatz und die Weißenburger Straße zu Ehren der großen Künstlerin in Kollwitzplatz und Kollwitzstraße umbenannt. Das Haus, in dem das Ehepaar Kollwitz wohnte, befand sich auf dem Gelände der heutigen Kollwitzstraße 56a. Es wurde im *Zweiten Weltkrieg* zerstört.

Der Kollwitzplatz gilt als einer der schönsten Plätze in Berlin. Es gibt zwei viel besuchte Spielplätze. Donnerstags wird von Bauern aus der Umgebung frisch geerntetes Obst und Gemüse auf dem Ökomarkt verkauft. Auf dem Wochenmarkt am Samstag kannst du an zahlreichen Imbissbuden Currywurst, Fischbrötchen, Crêpes und Falafel essen. An Adventssonntagen gibt es zusätzlich einen Öko-Adventsmarkt mit fair gehandelten Produkten und Angeboten für Kinder wie Basteln oder Birkenstamm-Sägen.

Theater o.N.

Das Theater Zinnober wurde 1980 als freie Theatergruppe für Kinder und Erwachsene gegründet. Das war etwas Besonderes, denn das Schauspiel- und Puppentheater wurde in der *DDR* vom Staat bezahlt und stand unter seiner Aufsicht. Aber die Mitglieder des Theaters Zinnober wollten selber bestimmen, was und wie sie spielen. Manchmal wurden die Aufführungen von der *DDR*-Führung genehmigt, manchmal nicht: Dann traten die Schau- und Puppenspieler hinter heruntergelassenen Rollläden heimlich auf.

Heute heißt es Theater o. N. und zeigt viele Märchen, aber auch Stücke für Erwachsene oder ganz kleine Zuschauer ab 2 Jahren. Das Theater experimentiert gerne: Z.B. werden Alltagsgegenstände manchmal wie Puppen eingesetzt und Objekte aus verschiedenen Materialien wie Papier, Holz oder Metall gebaut. Die Aufführungen sind ein bisschen verrückt und sehr fantasievoll.

Finde die große Bronzeskulptur von Käthe Kollwitz auf dem Kollwitzplatz.

Was ist ein Schultheiss?

Finde das Glockenspiel am Gebäude des ehemaligen Flaschenspülraumes.
Tipp: Du musst nach oben schauen! Wenn das Glockenspiel ertönt, kann man es auch in den Straßen hören. Die Töne verbinden das Gelände der Kulturbrauerei hinter ihren dicken Mauern mit dem Kiez rundherum.

Kulturbrauerei

Durch die Knaackstraße gehst du am Kollwitzplatz vorbei weiter in Richtung Kulturbrauerei. Kann man Kultur brauen? Eher nicht, aber der Name leitet sich von der großen Schultheiss-Bierbrauerei ab, die sich hier früher befand. Heute findest du auf dem großen Gelände Geschäfte, Restaurants, Büros, Künstlerateliers, einen Verlag, ein Theater und einen großen Kinokomplex. Die Gebäude heißen immer noch Kessel- oder Maschinenhaus, wie zu Bierbrauer-Zeiten.

Auf dem großen Innenhof finden häufig Veranstaltungen statt, z.B. im Winter der Lucia-Markt mit flackernden Schwedenfeuern und einer mobilen Sauna. Von Januar bis November stehen sonntags in den Höfen der Kulturbrauerei die Stände und Wagen eines Street Food Markets. Sie bieten Spezialitäten aus aller Welt an – Burger und Empanadas, Falafel, Crêpes und Pulled Pork Sandwiches und vieles mehr. Hier findest du bestimmt etwas, was dir schmeckt.

Die Schultheiss-Brauerei war 1920 tatsächlich die größte Brauerei der Welt. Vielleicht kommt dir die Anlage ein bisschen wie eine mittelalterliche Burg vor. Das war tatsächlich so beabsichtigt! Hier wurde Bier nicht nur gebraut und gelagert, sondern auch in Flaschen abgefüllt – damals eine neue Erfindung! Zum Bierbrauen brauchte man natürlich auch Wasser. Deshalb war es sehr wichtig, dass der Bezirk Prenzlauer Berg 1874 an die Wasserversorgung angeschlossen wurde. Nach der *Wende* gab es Streit darum, wie das Gelände in Zukunft genutzt werden sollte. Nachdem man sich geeinigt hatte, dass nicht nur Geschäftsleute, sondern auch Künstler mit ihren Theatern und Ateliers hier einen Platz finden sollten, wurden die Gebäude sehr schön renoviert. Namensgeber der Schultheiss-Brauerei war der kurzzeitige Firmeninhaber Jobst Schultheiss.

Tour 11

Von Schätzen, Gespenstern und Rittern

Die Zitadelle Spandau

Pssst…Streng geheim!

1 U-Bahnhof Zitadelle
2 Spandauer Zitadelle
3 Juliusturm
4 Fledermauskeller
5 Theater auf der Zitadelle
6 Freilichtbühne
7 Olympiastadion

U-Bahnhof Zitadelle

Wenn du dich für Ritter interessierst, solltest du nach Spandau fahren. Zur Zitadelle kommst du am besten mit der U7 bis zur Station Zitadelle oder Altstadt Spandau. Der kleine Fußweg bis zur Festung lässt sich in weniger als 10 Minuten bewältigen.

Spandauer Zitadelle

Die Zitadelle Spandau ist eine große Festungsanlage aus dem 16. Jahrhundert. Aber sie ist nicht die erste Burg an dieser Stelle. Seit dem 13. Jahrhundert gab es hier schon eine kleinere Burg. Ritter, Knechte und Handwerker lebten in der Festung, die von einer starken Ringmauer und einem Wassergraben umgeben war. Außerdem hat man Reste einer slawischen Burg an dieser Stelle gefunden, die noch früher entstanden ist. Slawische Stämme waren die ersten Bewohner in dieser Region.

Die Lage der Spandauer Zitadelle war sehr günstig. Hier mündet die Spree in die Havel. Das Wasser rundherum schützte die Burg, gleichzeitig war es ein wichtiger Verkehrsweg für Schiffe. Heute führt eine Brücke über den Wassergraben in den gepflasterten Hof der Zitadelle. Bestimmt kannst du dir vorstellen, wie früher die Hufe der Pferde über die Pflastersteine geklappert sind. Im Hof stehen alte Kanonen. Im Museum kannst du dir Rüstungen und Schwerter anschauen.

Juliusturm

Es gibt einen dicken Wehr- und Wachtturm: Der Juliusturm stammt aus dem 13. Jahrhundert und ist das älteste Bauwerk Berlins. Er wurde unter anderem als Gefängnis genutzt. Wer hier im Keller hinter über drei Meter dicken Mauern eingekerkert wurde, hatte keine Chance zu fliehen. Auch die mit Gras bewachsenen Mauern rund um die Zitadelle sind sehr dick. Du kannst auf den Mauern rund um die Festung laufen. Sie hat einen quadratischen Grundriss und jede der vier Ecken ihren eigenen Namen: Königin, König, Kronprinz und Brandenburg.

Der Schatz im Juliusturm

1.200 Kisten mit je 100.000 Goldmark bildeten den sogenannten Reichskriegsschatz. Gut bewacht lagen die goldenen Münzen, insgesamt 120 Millionen Goldmark, über 40 Jahre lang im Keller des Juliusturms der Zitadelle in Spandau. Der Schatz war ein Teil des Geldes, das Frankreich nach dem verlorenen Krieg 1871 an Deutschland zahlen musste. So viel Geld – das musste gut versteckt werden! 3,60 Meter waren die Mauern dick, mehrere Türen mit eisernen Stäben verschlossen den Keller. Der Schatz wurde rund um die Uhr bewacht.

Einmal im Jahr wurde geprüft, ob noch alles da war. Die Kisten wurden geöffnet, die goldenen Münzen gewogen und die dicken Mauern daraufhin untersucht, ob sie unversehrt waren. 1910 wurde eine dicke Panzertür eingebaut, weil jemand versucht hatte, das Gold zu rauben.

Der Schatz sollte erst bei einem neuen Krieg eingesetzt werden, um das Heer auszustatten und neue Waffen zu kaufen. Aber obwohl es im Jahr 1914 zu einem neuen großen Krieg kam, wurde von dem Geld von 1874 bis 1919 fast nichts ausgegeben. Und was meinst du, was mit dem Gold schließlich geschehen ist? Es musste 1919, nach dem Ende des *Ersten Weltkriegs,* an Frankreich zurückgegeben werden.

Steige die Wendeltreppe im Juliusturm hoch.
Von oben kannst du über die Zitadelle,
die Havel und bis zur Innenstadt von Berlin schauen.

Wie viele Stufen musst du überwinden?

Die weiße Frau: Das Gespenst der Hohenzollern

Anna Sydow war die Geliebte des brandenburgischen *Kurfürsten* Joachim II. Nach ihrem Tod spukte sie durchs Schloss. Anna Sydow wohnte 20 Jahre lang im schönen, gerade neu erbauten Jagdschloss Grunewald. Der *Kurfürst* Joachim II. besuchte sie regelmäßig und ritt dabei über den frisch angelegten Dammweg aus Knüppeln, aus dem später der Kurfürstendamm wurde. Mit seiner Geliebten Anna hatte er zwei Kinder. Er war aber gleichzeitig auch verheiratet. Nach dem Tod des *Kurfürsten* 1571 ließ sein Sohn Johann Georg die Nebenbuhlerin seiner Mutter in den Juliusturm der Zitadelle Spandau stecken, wo sie nach vier Jahren ebenfalls starb. Vielleicht hatte er deswegen ein schlechtes Gewissen?

Es wird jedenfalls erzählt, dass ihm acht Tage vor seinem Tod im Jahr 1598 Anna Sydow als Geist erschienen sei. So wurde die »schöne Gießerin«, wie sie auch genannt wurde, zu einem der Vorbilder für die Geschichte von der »Weißen Frau«. Wenn ein weibliches Gespenst in einem langen weißen Kleid und einem Schleier durch die Gänge eines Schlosses der Hohenzollern spukt, kündigt sie der Sage nach den Tod eines Herrschers an.

Fledermauskeller

Die kühle Temperatur, die Feuchtigkeit, die alten Mauern – die Keller in der mittelalterlichen Festungsanlage sind für Fledermäuse wie geschaffen! Ab Ende August beginnen die Fledermäuse zu schwärmen. Herbstabende sind die beste Gelegenheit, um die nachtaktiven Tierchen zu beobachten. Wenn du eine Taschenlampe mitbringst, kannst du die Fledermäuse im Rahmen einer Gewölbeführung in den Ritzen und tiefen Spalten der Mauerwerke entdecken. Über 10.000 Fledermäuse wählen jedes Jahr die Zitadelle aus, um hier ihren Winterschlaf zu halten. In dieser Zeit dürfen die Fledermäuse nicht gestört werden. Sie könnten sich wirklich zu Tode erschrecken. Die einheimischen, wild lebenden Fledermäuse überwintern in den Gewölben und haben so tolle Namen wie Großes Mausohr, Mopsfledermaus oder Fransenfledermaus. Es gibt aber auch ein Schaugehege, in dem tropische Fledermäuse untergebracht sind. Die Nilflughunde entstammen dem Norden Afrikas, die Brillenblattnasen kommen aus Mittel- und Südamerika.

Während die heimischen Fledermäuse Insekten fressen, bevorzugen die tropischen Arten Obst und Gemüse. Im Rahmen einer Geburtstagsfeier kannst du sogar Fledermäuse mit Bananen füttern.

Der Fledermauskeller ist täglich geöffnet von 12-17 Uhr. Die Gewölbeführungen sind abhängig von der Jahreszeit.

Theater auf der Zitadelle

Das Theater auf der Zitadelle zeigt seit über 20 Jahren Puppentheater für Kinder, Jugendliche und Erwachsene. Du findest es, wenn du durch das große Tor die Zitadelle betrittst, geradeaus weiter am Gotischen Saal vorbeigehst, auf der linken Seite. Die Mitglieder der Puppenspieler-Familie (Vater, Mutter, Sohn und Schwiegertochter) sind alle Absolventen der Hochschule für Schauspielkunst »Ernst Busch«. Bekannte Märchen reichern sie mit vielen lustigen Details an, in selbst ausgedachten Geschichten greifen sie die alltäglichen Sorgen von Kindern auf. Seit 2017 gibt es einen Ableger in Kreuzberg, das Theater im Bergmannkiez.

Auf dem Hof der Zitadelle gibt es viele Veranstaltungen. Einmal im Jahr findet ein großes Ritterfest statt, bei dem ein Turnier mit Pferden abgehalten wird. Am Anfang des Sommers wird ein Kindermuseumsfest gefeiert, bei dem du mit Wolle oder Ton arbeiten oder das Murmelspiel ausprobieren kannst. Auf dem Mittelaltermarkt treten Bogenschützen und Märchenerzähler auf.

Freilichtbühne

Zur Freilichtbühne kommst du, wenn du vor der Zitadelle rechts abbiegst und durch den kleinen Wald läufst. In dem Naturschutzgebiet trainiert der Spandauer Kanuverein. Einen schönen Spielplatz gibt es hier auch.

In dem Open-Air-Theater kannst du im Sommer mit der fröhlichen Pippi Langstrumpf, dem frechen Michel oder dem alten Petterson viel Spaß haben. Das Berliner KinderTheater bringt Klassiker der Kinderliteratur auf die Bühne. Ein kleiner Biergarten mit Snacks und Getränken hat jeweils eine Stunde vor Vorstellungsbeginn geöffnet.

Olympiastadion

Mit der S3 oder der S9 fährst du zum S-Bahnhof Olympiastadion und läufst von da aus 750 Meter bis zum Olympiastadion. Ob Fußballweltmeisterschaft, DFB-Pokalendspiel oder Länderspiele – alle Kicker-Fans sind hier richtig. Im Olympiastadion, dem Heimstadion des Berliner Fußballvereins Hertha BSC, finden knapp 75.000 Zuschauer Platz. Aber auch Leichtathletik-Meisterschaften werden hier ausgetragen. 2009 hat der vielfache Olympiasieger und Weltmeister Usain Bolt im Olympiastadion seine Weltrekorde aufgestellt, die nach 10 Jahren immer noch ungebrochen sind: Er lief 100 Meter in 9,58 Sekunden und 200 Meter in 19,19 Sekunden.

Sportliche Wettkämpfe

Das Olympiastadion wurde von 1934 bis 1936 für die Olympischen Spiele gebaut, die 1936 in Berlin stattfanden. Rund um das Gelände des Olympiastadions entstand ein großer Sportpark, das sogenannte »Reichssportfeld«: Mit einem Feld als Aufmarschplatz für militärische Paraden, einer Freilichtbühne, einer Sportschule und einem hohen Glockenturm, von dessen Plattform du das ganze Areal überblicken kannst. Vorbild waren die antiken Sportanlagen der Griechen, die vor mehr als 3.000 Jahren die olympischen Spiele erfunden haben.

Von 1933 bis 1945 wurde Deutschland von den *Nationalsozialisten* beherrscht. Mit den Olympischen Spielen wollte die Regierung unter der Führung von *Adolf Hitler* der Welt zeigen, dass Deutschland ein Land war, in dem der sportliche Wettkampf mit Teilnehmern aus anderen Ländern friedlich ausgetragen werden konnte. Tatsächlich aber bereitete die deutsche Regierung einen Krieg vor. Mit dem Überfall der Deutschen Wehrmacht auf Polen 1939 begann der *Zweite Weltkrieg.*

Das denkmalgeschützte Olympiastadion wurde 2000 bis 2004 umfassend erneuert. Anlass war wieder eine sportliche Großveranstaltung – 2006 fanden in Berlin sechs Spiele und das Endspiel der 18. Fußballweltmeisterschaft statt. Das Stadion bekam z.B. ein modernes Dach mit einer Flutlicht-Beleuchtung, so dass alle Sitzplätze jetzt überdacht sind, und eine neue Tartanbahn für die Läufer rund um das Spielfeld. Das Endspiel wurde am 9. Juli im Olympiastadion ausgetragen: Italien spielte 1:1 unentschieden gegen Frankreich und wurde dann nach Elfmeterschießen mit 5:3 zum vierten Mal Weltmeister. Die deutsche Mannschaft belegte den dritten Platz. Viele Menschen freuten sich über die friedlichen Tage in Berlin, an denen die Fußball-Fans aus aller Welt zusammenkamen und feierten.

Heute gibt es auf dem Olympiagelände außerdem ein Hockey- und ein Schwimmstadion und viele andere Sportanlagen. 2011 war Papst Benedikt XVI. im Olympiastadion und feierte dort eine Messe. In der Zeit nach dem *Zweiten Weltkrieg* nutzten die britischen Streitkräfte Teile des Sportgeländes als Hauptquartier und luden die Berliner Bevölkerung einmal im Jahr dazu ein, den Geburtstag der britischen Königin mit einer großen Parade auf dem Maifeld zu feiern. Inzwischen gibt es dort jedes Jahr ein großes Feuerwerksfest, die Pyronale. In der Waldbühne finden Rockkonzerte, aber auch Klassikkonzerte statt. Dass die Waldbühne 1965 nach einem Konzert der Rolling Stones von randalierenden Fans stark beschädigt wurde, siehst du heute gar nicht mehr.

Für Sportfans oder Schulklassen werden verschiedene Führungen durch das Olympiastadion angeboten. Du kannst auch deinen Geburtstag dort feiern und dabei die Spielerkabinen und die unterirdische Aufwärmhalle kennenlernen. Vor dem Essen im Fanrestaurant kannst du dich mit deiner Geburtstagsgesellschaft im Torwandschießen, Slalomlaufen oder Wettrennen üben. Die Geburtstagstour dauert 2 Stunden und wird für Kinder von 6 bis 12 Jahren angeboten.

Hoch hinaus auf den Glockenturm

Am Rande des Maifelds steht der 77 Meter hohe Glockenturm. Während der Olympischen Spiele 1936 waren die Beobachtungsposten der Polizei, Sanitäter und Radio-Journalisten in den verschiedenen Geschossen des Turmes untergebracht. Zur WM 2006 wurde ein gläserner Expressaufzug installiert, der dich in 25 Sekunden hoch bis zur Glockenstube fährt. Einige Treppen führen dich weiter nach oben bis zur offenen Plattform des Glockenturms. Im Osten siehst du die Berliner Innenstadt bis zum Fernsehturm, im Westen Spandau, bei guter Sicht bis zu den Müggelbergen und im Süden den weiten grünen Grunewald.

Warum ist die Tartan-Bahn im Olympiastadion blau?

Auf dem großen Gelände sind überall verschiedene Sportler dargestellt. Findest du den Rennradfahrer?

Finde die alte Glocke auf dem Olympiagelände.

Warum kann sie nicht mehr klingen?

Die Glocke

Nach dem Krieg beschädigte ein Brand den Turm so schwer, dass er 1947 von britischen Soldaten gesprengt wurde. 1960 bis 1962 wurde der Glockenturm nach alten Entwürfen wieder aufgebaut. Die tonnenschwere Glocke wurde nach dem Vorbild der alten Glocke neu gegossen. Vielleicht findest du die fünf Olympischen Ringe am unteren Rand? Die ursprüngliche Glocke konnte nicht mehr benutzt werden. Sie war bei der Sprengung des Turmes heruntergefallen, hatte einen Riss bekommen und war vergraben worden. 1956 konnte sie mithilfe eines Detektors in der Erde wiedergefunden werden. Schließlich stellte man sie auf einem Sockel vor dem Olympiastadion auf.

Tour 12

»Pack die Badehose ein!«

Das Strandbad Wannsee

Wasser…Wasser…Wasser!
Hier ist es aber super heiß.
Also ab ins kühle Nass,
Baden ist angesagt.

1 S-Bahnhof Nikolassee
2 Strandbad Wannsee
3 Fähranleger Kladow-Wannsee
4 Kladow

S-Bahnhof Nikolassee

Zum Strandbad Wannsee fährst du mit der S1 oder S7 bis zum S-Bahnhof Nikolassee. Dann läufst du bis zum Bad noch ungefähr 10 Minuten durch den Wald. Es gibt eine Wasserrutsche, einen Spielplatz, einen Beachvolleyball- und einen Fußballplatz, einen Bootsverleih und mehrere Kioske mit Essen und Trinken.

Bei heißem Sommerwetter im See zu baden – das ist doch ein Riesenspaß, oder? Aber in Berlin kam er erst am Ende des 19. Jahrhunderts so richtig in Mode. Als es in der Stadt voller und enger wurde, fuhren immer mehr Berliner hinaus zum Großen Wannsee, einer Bucht des Flusses Havel in Berlin. 2,5 Millionen Menschen lebten im Jahr 1900 in und um Berlin, viele davon in engen, dunklen Ein- oder Zwei-Zimmerwohnungen.

Aber das öffentliche Baden war zuerst gar nicht erlaubt. Männer und Frauen hätten sich ja am Ufer leicht bekleidet begegnen können! Das galt damals als sehr unschicklich. Sowohl die Männer als auch die Frauen trugen Badeanzüge, die den Oberkörper und Teile der Beine bedeckten.

Hey, gehört dem Mann das Bike von S. 127? Ich glaube, ich sollte ihn mal aufsuchen und es ihm zurückgeben.

Strandbad Wannsee

1907 wurde das Ufer des Wannsees als öffentliche Badestelle freigegeben. An verschiedenen Strandabschnitten wurden ein Frauen-, ein Herren- und ein Familienbad eingerichtet. Die Bäder waren mit hohen Holzzäunen voneinander getrennt, damit sich die Badegäste nicht gegenseitig beobachten konnten. Und obwohl die Besucher jetzt Eintritt zahlen mussten, kamen in Jahr 1927 bereits 900.000 Badegäste. Also plante die Stadt Berlin ein großes neues Strandbad, mit großen Treppen, Umkleiden, Toiletten und Sonnenterrassen. Außerdem sollte es eine in den See ragende Brücke mit einem Café, einen Hafen für Segelboote und sogar ein Freilufttheater geben! Doch in der *Weltwirtschaftskrise* wurde das Geld knapp. So kam es, dass von den Plänen nur die Hälfte umgesetzt wurde.

Dieses wunderschöne Strandbad wurde trotzdem sehr groß: Es ist heute eines der größten Bäder an einem See in Europa und verfügt über einen 1.275 Meter langen und 80 Meter breiten Sandstrand. Bis zu 12.000 Gäste können hier täglich baden gehen. Den Sand hat man vom Ostseestrand in Timmendorf in Güterwaggons hierhergebracht. Das Bad wurde 2007 renoviert und steht unter *Denkmalschutz.*

»Pack die Badehose ein«

»Pack die Badehose ein,
nimm dein kleines Schwesterlein
Und dann nischt wie raus
nach Wannsee!
Ja, wir radeln wie der Wind,
durch den Grunewald geschwind
Und dann sind wir bald am Wannsee!«

1951 sang die 8-jährige Cornelia Froboess das Lied »Pack die Badehose ein« und wurde damit zum Kinderstar.

Auf der langen, überdachten Uferpromenade kannst du spazieren gehen und auf den Wannsee schauen. Vielleicht möchtest du aber auch einen Strandkorb mieten, mit den Zehen im Sand graben und dich wie an der Ostsee fühlen.

Fähre Kladow-Wannsee

Wenn du mit der S-Bahn-Linie 1 oder 7 weiter fährst bis zum S-Bahnhof Wannsee, kannst du von dort zur großen Schiffsanlegestelle am Wannsee hinunterlaufen. An der Ronnebypromenade starten viele Schiffstouren. Mit der BVG-Fähre kannst du für wenig Geld den Wannsee überqueren und zum gegenüberliegenden Stadtteil Kladow fahren. Die Fahrt dauert ungefähr 20 Minuten. Vom Schiff aus kannst du die schöne Landschaft anschauen, die Berlin umgibt. So viel Wald! Alt-Kladow wirkt immer noch sehr dörflich. Hier findest du auch einen großen Spielplatz mit viel Platz zum Herumtoben und Picknicken.

Das war unsere gemeinsame Reise durch Berlin. Ich klink mich dann mal aus. Geht auf Entdeckungstour durch Berlin. Ich freue mich, euch in meiner Heimat willkommen zu heißen. Bis bald.

Fotos

Interne Fotos

Fotograf: Armin Stapel, Rechtsanwalt und Notar a. D.

Externe Fotos

Friedrich der Große

von Menzel, Adolph: »Flötenkonzert Friedrichs des Großen in Sanssouci« (Gemäle, Öl auf Leinwand), Staatliche Museen zu Berlin (Inventarnummer: A I 206), 1850-1852, wikicommons, gemeinfrei.

Bücherverbrennung

Pahl, Georg: »Berlin Opernplatz Bücherverbrennung«, Das Bundesarchiv (Bild 102-14597), 11. Mai 1933, wikicommons, gemeinfrei.

Unknown: » Berlin, Bücherverbrennung «, Das Bundesarchiv (Bild 183-B0527-0001-776), 10. Mai 1933, wikicommons, gemeinfrei.

Unbekannt: »Berlin Opernplatz Bücherverbrennung«, Das Bundesarchiv (Bild 102-14598), 10. Mai 1933, wikicommons, gemeinfrei.

Russen auf dem Reichstag

No 5 Army Film & Photographic Unit, Hewitt (Sgt): »Ruins of the Reichstag in Berlin«, http://media.iwm.org.uk/iwm/mediaLib//39/media-39747/large.jpg, 3 June 1945wikicommons, gemeinfrei.

Unknown: » Berlin, brennender Reichstag (Reichstagsbrand) «, Das Bundesarchiv (Bild 183-R99859), 27. February 1933, wikicommons, gemeinfrei.

Yevgeny Khaldei (1917-1997): »Raising a flag over the Reichstag«, mil.ru, 2. Mai 1945, wikicommons, gemeinfrei.

Grips-Theater

© David Baltzer | www.bildbuehne.de

Albert Einstein

Ernestoectorado:» Albert Einstein «, 8. August 2016, wikicommons, gemeinfrei.

Lexikon

Befreiungskriege
So werden die kriegerischen Auseinandersetzungen zwischen Frankreich und Preußen, Russland und Österreich Anfang des 19. Jahrhunderts genannt. Die vereinten Armeen von Preußen, Russland und Österreich besiegten die Truppen von Napoleon in der Schlacht bei Waterloo und beendeten so Frankreichs Vorherrschaft in Kontinentaleuropa.

Berlin-Blockade
West-Berlin lag nach dem Zweiten Weltkrieg mitten in der sowjetischen Besatzungszone. In der Zeit vom 24. Juni 1948 bis 12. Mai 1949 riegelte die Sowjetunion alle Versorgungswege nach West-Berlin ab. Alle Land- und Wasserwege waren blockiert. Die Einwohner West-Berlins konnten in dieser Zeit nur durch Flugzeuge der amerikanischen und britischen Luftwaffe über die »Berliner-Luftbrücke« mit allen zum Leben notwendigen Gütern versorgt werden.

Berlinale
Das ist der Name der Internationalen Filmfestspiele Berlin. Es ist ein alljährlich im Februar stattfindendes Filmfestival, das neben denen von Cannes und Venedig zu den weltweit bedeutendsten Ereignissen der Filmbranche gehört. Der von einer internationalen Jury ausgewählte beste Film wird mit dem Goldenen Bären ausgezeichnet.

Berliner Dialekt
Der Berliner Dialekt ist eine Mundart, die in Berlin und im brandenburgischen Umland gesprochen wird. Das Berlinische entwickelte sich aus verschiedenen sprachlichen Einflüssen, die viele Zugereiste über Jahrhunderte nach Berlin brachten. Das ist heute noch so: Jeder vierte Berliner ist auch in Berlin geboren und berlinert schon von klein auf. Die Berliner sind bekannt für ihre »schnoddrige Art« und ihre freche »Schnauze«. »Icke, dette, kieke mal« heißt: »Ich, das, gucke mal«.

Bundesrepublik Deutschland / Bundesregierung / Bundestag
Bundesrepublik Deutschland ist der vollständige Name Deutschlands, der in Art. 20 Abs. 1 des Grundgesetzes genannt wird. Grundgesetz heißt die Verfassung Deutschlands, die am 23. Mai 1949 in Kraft trat. Die Bundesrepublik Deutschland besteht seit der

Wende aus 16 Ländern und hat gegenwärtig ca. 83 Mio. Einwohner. Berlin ist die Hauptstadt Deutschlands und zugleich mit 3,8 Mio. Einwohnern die bevölkerungsreichste. Die Regierung der Bundesrepublik Deutschland heißt Bundesregierung. Sie besteht aus dem Bundeskanzler und den Bundesministern. Der Bundeskanzler bestimmt die Grundzüge der Politik, die Bundesminister leiten ihre Bereiche eigenständig. Ihre Stellung und ihre Befugnisse sind im Grundgesetz für die Bundesrepublik Deutschland geregelt. Das Parlament der Bundesrepublik Deutschland ist der Deutsche Bundestag. Er beschließt die Gesetze und wird direkt von den deutschen Staatsbürgern gewählt. Der Deutsche Bundestag besteht aus 598 oder mehr Mitgliedern und wird vom Bundestagspräsidenten geleitet.

DDR – Deutsche Demokratische Republik

Die Deutsche Demokratische Republik, abgekürzt DDR, bestand von 1949 bis 1990. Sie ging nach dem Zweiten Weltkrieg aus der sowjetischen Besatzungszone hervor und verstand sich als sozialistischer Arbeiter- und Bauernstaat. Ziel ihrer Staatsführung war die Schaffung einer klassenlosen Gesellschaft. Den Einwohnern der DDR war es grundsätzlich nicht erlaubt, in die westlichen Staaten Europas zu reisen. Zur DDR gehörten die heutigen Länder der Bundesrepublik Brandenburg, Mecklenburg-Vorpommern, Sachsen, Sachsen-Anhalt und Thüringen, sowie Ost-Berlin. Die innerdeutsche Grenze wurde seitens der DDR schwer bewacht. Im Jahr der Wiedervereinigung 1989 mit der Bundesrepublik Deutschland hatte die DDR 16 Mio. Einwohner.

Denkmalschutz

Aufgabe des Denkmalschutzes ist es, Denkmale dauerhaft zu sichern und zu erhalten. Ein Denkmal kann z.B. ein altes Haus oder eine schöne Kirche sein. Diese Bauwerke dürfen oft nicht abgerissen werden, weil sie als Beispiel für die Zeit ihrer Entstehung bis heute bedeutsam sind.

Deutsches Reich

So hieß der Deutsche Nationalstaat von 1871 bis 1945. Von 1878 bis 1918 war das Deutsche Reich eine Monarchie, das Deutsche Kaiserreich. Von 1918 bis 1933 war es ein demokratisch verfasstes Land mit einem Präsidenten an der Spitze, die sogenannte »Weimarer Republik«. Von 1933 bis 1945 herrschte die Diktatur der Nationalsozialisten unter Adolf Hitler. Aus dem Deutschen Reich ist nach 1945 im Jahre 1949 die Bundesrepublik Deutschland hervorgegangen.

Erster Weltkrieg

Im Ersten Weltkrieg, der 1914 bis 1918 geführt wurde, fanden etwa 20 Mio. Menschen den Tod. Fast 65 Mio. Soldaten kämpften in Europa, Asien, Afrika, im Nahen Osten und auf den Weltmeeren. Die sogenannten »Mittelmächte«, bestehend aus dem Deutschen Reich, Österreich-Ungarn, dem Osmanischen Reich und Bulgarien kämpften gegen die sogenannte »Entente«, bestehend aus Frankreich, Großbritannien, Russland und deren Alliierten. Nachdem die Vereinigten Staaten im April 1917 dem Krieg auf Seiten der Entente beigetreten waren, war der Krieg für Deutschland und seine Verbündeten nicht mehr zu gewinnen. Deren Niederlage wurde am 11. November 1918 durch den Waffenstillstand von Compiègne besiegelt. Völkerrechtlich endete der erste Weltkrieg durch Abschluss des Friedensvertrages von Versailles im Jahre 1919. Im Versailler Vertrag musste Deutschland die Alleinschuld am Ersten Weltkrieg anerkennen und zahlreiche Gebiete an andere Länder abtreten. Es musste sich ferner zum Ersatz von im Krieg angerichteten Schäden in Gestalt von Reparationszahlungen von Milliarden von Reichsmark verpflichten. Durch den Versailler Vertrag wurde Deutschland sehr belastet. Aus Sicht zahlreicher Historiker führten diese Belastungen schließlich zum Aufstieg der Nationalsozialisten und deren Diktatur unter Adolf Hitler.

Anne Frank

Anne Frank war ein deutsches Mädchen jüdischer Abstammung. In ihrem fünften Lebensjahr wanderten ihre niederländischen Eltern mit ihr und ihrer Schwester Margot von Frankfurt am Main in die Niederlande aus, um der Verfolgung durch die Nationalsozialisten zu entgehen. Vom Sommer 1942 an lebte sie mit ihrer Familie versteckt in einer Wohnung eines Hinterhauses in Amsterdam. Sie schrieb ab ihrem 13. Geburtstag über zwei Jahre lang ein

Tagebuch in niederländischer Sprache. Anne Frank und ihre Familie wurden, nachdem ihr Versteck verraten worden war, im September 1944 in das Konzentrationslager Auschwitz deportiert. Anne Frank starb im Februar 1945 im KZ Bergen-Bergen. Ihr Vater überlebte als einziger der Familie. Er gab nach dem Zweiten Weltkrieg ihr Tagebuch heraus. Dies gilt seither als Werk der Weltliteratur.

Friedrich der Große

Friedrich II. war von 1740 bis 1786 König in bzw. von Preußen. Wegen seiner außerordentlichen Leistungen für sein Land und wegen seines strategischen Geschicks erhielt er den Beinamen der »Große«. Er war ein sogenannter »aufgeklärter« Herrscher. Nach seiner Thronbesteigung ließ er bald die Folter abschaffen. Er war tolerant und offen gegenüber Einwanderern wie den Hugenotten, die in Frankreich wegen ihrer Religionszugehörigkeit verfolgt wurden. Von ihm ist der Ausspruch überliefert: »Jeder muss nach seiner Façon selig werden.« Er versammelte an seinem Hof viele Literaten und Musiker, mit denen er diskutierte, philosophierte und musizierte. Er führte aber auch mehrere Kriege mit den Nachbarn Preußens, den damaligen Großmächten Österreich, Frankreich und Russland. Hierzu gehörten zwei Schlesische Kriege (1740-1745) und der Siebenjährige Krieg (1756-1763). Unter Friedrich dem Großen stieg Preußen zu einer europäischen Großmacht auf.

Friedrich Wilhelm I.

Friedrich Wilhelm I. war von 1713 bis 1740 König in Preußen, Markgraf von Brandenburg und Kurfürst des Heiligen Römischen Reiches, genannt der »Soldatenkönig«. Er war der Vater Friedrichs des Großen. Er baute die preußische Armee zu einem schlagkräftigen Heer aus und schuf ein zuverlässiges und unbestechliches Berufsbeamtentum. Im Jahre 1717 führte er die allgemeine Volksschulpflicht ein. Als er 1740 starb, war Preußen schuldenfrei und verfügte über einen Staatsschatz von 2 Mio. Talern, die in Fässern im Keller des Berliner Schlosses lagerten.

Gründerzeit

In der zweiten Hälfte des 19. Jahrhunderts brachte die fortschreitende Industrialisierung einen starken wirtschaftlichen Ausschwung für das Bürgertum.

Wohlhabende Bürger wie Kaufleute und Industrielle ließen große Miethäuser mit reich dekorierten Fassaden bauen, sowie repräsentative Villen als Wohnhäuser für sich selbst.

Adolf Hitler

Adolf Hitler regierte das Deutsche Reich von 1933 bis 1949 diktatorisch. Seine Schrift »Mein Kampf« begründete die rassistische und antisemitische Ideologie des Nationalsozialismus. Als Führer und Reichskanzler beseitigte er seit seiner Machtübernahme am 30. Januar 1933 mit Terror die demokratische Verfassung Deutschlands und damit den Rechtsstaat. Am 1. September 1939 befahl er den Überfall auf Polen, der zum Ausbruch des Zweiten Weltkriegs führte. Er ist für die Ermordung von ca. 6 Millionen Juden, für 65 Millionen Kriegstote und für die Zerstörung weiter Landstriche und Städte in Europa verantwortlich. Er beging am 30. April 1945 im Führerbunker in Berlin Selbstmord.

Holocaust

Der von Hitler und den Nationalsozialisten befohlene Völkermord an ca. 6 Mio. europäischen Juden wird als Holocaust (englisches, aus dem Altgriechischen hergeleitetes Wort für »vollständig verbrannt«) oder auch Shoa (hebräisch für »das große Unglück«) bezeichnet. Ziel Hitlers und der Nationalsozialisten war es, alle Juden in Europa zu vernichten. Sie ordneten die Massenerschießungen osteuropäischer Juden während des Zweiten Weltkrieges und deren Ermordung mit Giftgas in Konzentrationslagern wie z.B. Auschwitz an. Die Juden wurden ab 1941 aus ganz Europa in diese Vernichtungslager deportiert.

Juden

Als Juden werden die Mitglieder des Jüdischen Volkes der Israeliten genannt, die von den Erzvätern Abraham, Isaak und Jakob abstammen und / oder Menschen genannt, die der jüdischen Religion angehören. Als Religionsstifter des Jüdischen Volkes gilt Moses, der die Tora verfasst haben soll. Sie stellt die Grundlage des jüdischen Glaubens da.

Kaiser Wilhelm I.

Kaiser Wilhelm I. war seit 1861 der König von Preußen und wurde auf

Betreiben des Reichskanzlers Otto von Bismarck im Jahr 1871 zum ersten deutschen Kaiser ausgerufen. Nach seinem Tode im Dreikaiserjahr 1888 wurde für 99 Tage sein Sohn Friedrich als Friedrich Wilhelm III. Kaiser. Dieser starb noch im selben Jahr an einem Kehlkopfkrebsleiden. Am gleichen Tag folgte ihm sein Sohn auf den Thron.

Kaiser Wilhelm II.

Wilhelm II. war Sohn des Kaisers Friedrich Wilhelm III. und Enkel der aus England stammenden Königin Viktoria. Er war von 1888 bis 1918 der letzte deutsche Kaiser und König von Preußen. Nach dem Ende des Ersten Weltkriegs wurde am 9. November 1918 in Berlin die Republik ausgerufen. Kaiser Wilhelm II. dankte Ende November 1918 ab und lebte bis zu seinem Tod im Jahre 1941 in den Niederlanden.

Kiez

Kleinere Wohngebiete stiften unter den Bewohnern oft ein bemerkenswertes Zusammengehörigkeitsgefühl. Meistens gehören kleinere Läden und Kneipen dazu, wo man sich trifft und miteinander redet. Vor allem in Berlin nennt man diese Wohngebiete Kiez. Bekannte Kieze sind der Bergmannkiez an der Bergmannstraße in Kreuzberg, der Nollendorfkiez rund um die Motzstraße in Schöneberg und der Kollwitzkiez in Prenzlauer Berg.

Konzentrationslager (KZ)

In der Zeit des Nationalsozialismus wurden im Deutschen Reich und in dem von Deutschland im Zweiten Weltkrieg besetzten Gebieten Konzentrationslager eingerichtet. In diesen Arbeits- und Vernichtungslagern des NS-Regimes wurden vor allem Juden, aber auch viele andere Menschen ermordet, wie Sinti und Roma, Kommunisten und Sozialisten, Homosexuelle und geistig Behinderte. Es gab schließlich ca. 1.000 KZs und sieben Vernichtungslager.

Kurfürst

Zur Zeit des Heiligen Römischen Reiches im Mittelalter kürten (= wählten) sieben Kurfürsten den römisch-deutschen König und Kaiser. Drei der Kurfürsten waren Erzbischöfe. Einer der vier weltlichen Kurfürsten war der Markgraf von Brandenburg.

Laubenpieper

Als Laubenpieper werden scherzhaft Inhaber von Kleingärten mit Gartenlaube bezeichnet. In Berlin gibt es davon immer noch sehr viele.

Karl Liebknecht

Karl Liebknecht war einer der Gründer der Kommunistischen Partei Deutschlands, die kurz nach dem Ende des Ersten Weltkrieges entstand. Der Politiker arbeitete eng mit der Sozialistin Rosa Luxemburg zusammen. Er rief am 9. November 1918 vor dem Berliner Schloss eine »freie sozialistische Republik« aus. Karl Liebknecht und Rosa Luxemburg wurden im Januar 1919 von Freikorpsoldaten der Garde-Kavallerie-Schützen-Division des Reichsheeres ermordet.

Mark Brandenburg

Die Mark Brandenburg – auch kurz die »Mark« genannt – war ein Gebiet im Heiligen Römischen Reich Deutscher Nationen. Nach der Völkerwanderung kämpften germanisch-christliche und slawische Völker vom 7. bis zum 12. Jahrhundert immer wieder um die Vorherrschaft in der Mark. Ab dem Jahre 1157 herrschte hier Albrecht der Bär und nannte sich seither »Markgraf von Brandenburg«. Seit 1356 waren die Markgrafen von Brandenburg auch Kurfürsten. Zu dieser Zeit umfasste die Markgrafschaft Brandenburg die Altmark (das Gebiet westlich der Elbe), die Mittelmark (das Gebiet zwischen Elbe und Oder) und die Neumark (das Gebiet östlich der Oder).

Napoleon I.

Napoleon Bonaparte war ein auf Korsika geborener militärischer Führer und späterer Kaiser der Franzosen. Nach der französischen Revolution 1789 stieg er in den folgenden Jahren bis zum General auf und weitete durch siegreiche Feldzüge das französische Staatsgebiet in Europa aus. Er krönte sich am 2. Dezember 1804 in der Pariser Kathedrale Notre Dame selbst zum Kaiser der Franzosen. Von 1805 bis 1813 unterwarf er in vielen siegreichen Schlachten und Kriegen gegen Österreich, Preußen und Russland weite Teile Kontinentaleuropas der französischen Herrschaft. Sein Versuch, seine Macht auch über Russland auszudehnen, scheiterte im Jahre 1812. Seine »Grande Armée« wurde nach vielen Verlusten auf dem Rückzug aus Russland zerschlagen. Nach seiner Niederlage in der Völkerschlacht von Leipzig 1813 gegen die von Österreich, Preußen und Russland aufgestellten Heere dankte er als Kaiser im Frühjahr 1814 ab und musste sich auf die Insel Elba zurückziehen. Im März 1815 kam er nach Frankreich zurück und übernahm für 100 Tage wieder die Herrschaft. Es gelang ihm, in der Folge eine Armee von 150.000 Soldaten aufzustellen, die schließlich von der alliierten Armee unter der Führung des englischen Generals Wellington und des preußischen Feldmarschalls Blücher in der Schlacht von Waterloo endgültig geschlagen wurde. Von den Alliierten im Sommer 1815 auf die britische Insel St. Helena verbannt, starb Napoleon dort am 5. Mai 1821.

Nationalsozialismus / Nationalsozialisten / Nationalsozialistische Partei (NSDAP)

Der Nationalsozialismus war von 1919 bis 1945 eine völkisch-antisemitische, nationalistische Bewegung in Deutschland. Sie organisierte sich 1920 als Nationalsozialistische Deutsche Arbeiterpartei (NSDAP) und errichtete unter der Führung Adolf Hitlers im Jahre 1933 in Deutschland eine Diktatur. Auf Befehl Hitlers begannen die Nationalsozialisten 1939 mit dem Überfall auf Polen einen Krieg, der sich in der Folge zum Zweiten Weltkrieg ausweitete.

Ost-Berlin (Berlin Ost) / West-Berlin (Berlin West)

Nach dem Ende des Zweiten Weltkrieges bürgerte sich für den sowjetischen Sektor Berlins der Begriff Ost-Berlin, für die drei westlichen Sektoren (amerikanischer, britischer und französischer Sektor) der Begriff West-Berlin ein. Ost-Berlin wurde von der DDR später als Berlin, Hauptstadt der DDR, bezeichnet. Berlin (West) war seit der Gründung der Bundesrepublik Deutschland auch eines der bis zur Wiedervereinigung bestehenden 12 Bundesländer.

Ost-Deutschland / West-Deutschland

Die innerdeutsche Grenze teilte nach dem Zweiten Weltkrieg Deutschland in einen westdeutschen und einen ostdeutschen Teil. In West-Deutschland wurde die Bundesrepublik Deutschland gegründet, in Ost-Deutschland die Deutsche Demokratische Republik.

Preußen

Preußen entstand als Herzogtum im Jahr 1525 und geriet ab 1618 unter die Herrschaft der Kürfürsten von Brandenburg. Mit der Krönung des Kurfürsten Friedrich III. zum König in Preußen entstand das Königreich Preußen (ab 1772 König von Preußen). Es schloss seither fast alle deutschen Gebiete nördlich der Mainlinie ein. Preußen stieg unter Friedrich dem Großen zur zweiten deutschen Großmacht (neben Österreich-Ungarn) und zur fünften Europäischen Großmacht (neben Österreich-Ungarn, Russland, Frankreich und England) auf. Der König von Preußen Wilhelm I. wurde 1871 der erste deutsche Kaiser.

Schwarzmarkt

Als Schwarzmarkt bezeichnet man den illegalen Handel mit Waren und Dienstleistungen unter Umgehung der staatlichen Gesetze über Preise, Steuern und Abgaben. Schwarzmärkte blühten – insbesondere auch in Berlin – nach dem zweiten Weltkrieg auf, als die Versorgungslage der Bevölkerung sehr schlecht war. Lebensmittel waren zu dieser Zeit nur gegen Lebensmittelkarten und in geringen Mengen in Geschäften zu erhalten. Auf dem Schwarzmarkt war dagegen fast alles zu bekommen, allerdings zu stark überhöhten Preisen oder gegen Bezahlung durch Zigaretten.

sozialistisch(e) / Sozialismus

Der Sozialismus ist eine im 19. Jahrhundert entstandene politische Bewegung. Als sozialistisch wird eine Gesellschaftsordnung bezeichnet, die auf Gleichheit, Solidarität und Gerechtigkeit beruhen soll. Privateigentum soll es nach der Idee der Bewegung nur in eingeschränktem Maße geben. Im Gegensatz dazu steht die kapitalistische Gesellschaftsform, in der sich Produktionsmittel in Privateigentum befinden. Sozialismus und Kapitalismus stehen sich kritisch, bzw. ablehnend gegenüber.

Street Art

Street Art-Künstler bringen – häufig ohne Einwilligung der Eigentümer – Bilder und Zeich(nung)en an Häuserwänden und Mauern in Städten an. Der Ausstellungsort ist die Straße, jeder Passant kann sich die Bilder ansehen.

Street Art-Kunstwerke können natürlich nicht verkauft werden und bleiben in der Regel nicht dauerhaft an ihrem Platz.

Weltwirtschaftskrise

So nennt man allgemein eine Wirtschaftskrise, die aufgrund der internationalen Wirtschaftsverflechtungen nicht nur ein Land, sondern zahlreiche Staaten erfasst. Als Weltwirtschaftskrise wird insbesondere die Krise bezeichnet, die nach dem New Yorker Börsenkrach am 25. Oktober 1929 (»Schwarzer Freitag«) Unternehmen und Banken in die Pleite führte. Viele Menschen wurden in der Folge arbeitslos und gerieten in Armut.

Wende / Wiedervereinigung

Der Fall der Berliner Mauer am 9. November 1989 führte zu einer politischen Wende. In deren Folge brach das DDR-Regime zusammen und die beiden Teile Deutschlands wurden am 3. Oktober 1989 wiedervereinigt.

Zweiter Weltkrieg

Der Zweite Weltkrieg begann mit dem von Adolf Hitler befohlenen Überfall Deutschlands auf Polen am 1. September 1939. Mehr als 60 Staaten waren an dem Krieg weltweit beteiligt. 110 Mio. Soldaten kämpften während dieser Zeit. 55 Mio. Menschen starben aufgrund der Kriegshandlungen zwischen den sogenannten Achsenmächten (Deutschland, Italien und Japan) und den Alliierten (Frankreich, Großbritannien, Russland und die USA). Obwohl seit der verlustreichen Schlacht von Stalingrad im Winter 1942-43 klar war, dass der Krieg durch die Deutsche Wehrmacht nicht mehr gewonnen werden konnte, weigerte sich Adolf Hitler zu kapitulieren. Erst nach seinem Tod erfolgte am 8. Mai 1945 die bedingungslose Kapitulation der Wehrmacht, die zum Ende des Zweiten Weltkriegs in Europa führte. Nachdem der US-Präsident Harry S. Truman im August 1945 zwei Atombomben auf Hiroshima und Nagasaki abwerfen ließ, endete der Zweite Weltkrieg auch in Asien mit der Kapitulation Japans am 2. September 1945.

Des Rätsels Lösung

Woher kommt der Begriff Tram?
»Tram« ist die Kurzform von Tramway, das heißt auf englisch Straßenbahn oder Straßenbahnlinie. Die Tramway hat ihren Namen von den Holzschienen auf denen, die ersten spurgeführte Bahnen im Bergbau fuhren. Tram ist ein ursprünglich deutsches Wort für Balken.

Bei »Sawade« gibt es eine Süßigkeit, die »Zarenhappen« heißt. Finde heraus, worum es sich dabei handelt.
Eine aus mehreren Schichten aufgebaute Praline. Der russische Zar soll sie geliebt haben.

An der Fassade des Restaurants »Hackescher Hof« an der Rosenthaler Straße gibt es ein für Berlin wichtiges Symbol, das mit Verkehr zu tun hat. Findest du es?
Das Ampelmännchen

Im 3. Hof befindet sich ein Geschäft der Königlichen Porzellan-Manufaktur. In dem Hof findest du auch eine Büste einer berühmten Persönlichkeit der preußischen Geschichte. Wer ist es?
Friedrich der II., preußischer König, auch genannt Friedrich der Große oder der »alte Fritz«.

Was ist ein Weinmeister?
Ein Winzer ist ein Weinbauer, der Weinreben anbaut und daraus Wein herstellt. Wenn er nach seiner Ausbildung noch seinen Meister macht, ist er ein Winzermeister. Oder ein Weinmeister.

Wie nannte man die Menschen, die herumstanden und darauf hofften, kurzfristig einen kleinen Job zu bekommen?
Eckensteher

Wie nennt man in Berlin ein Butterbrot?
Stulle (berlinisch auch für: dummes Ereignis, fragwürdiger Geisteszustand: »Det is voll Stulle« oder »Du bist voll Stulle«).

Suche die Stadt Berlin auf der Weltzeituhr. Wie viele Städte sind in dieser Zeitzone eingetragen?
Mit Berlin zusammen sind es 18 Städte.

Wie nannten die Bürger ihren langjährigen Bürgermeister Klaus Wowereit?
Wowi

Wie hießen die sowjetischen Satelliten?
Sputnik

Wie viele Tierfiguren befinden sich in der Anlage des Neptunbrunnens?
14 Stück – Krokodil, Schlange, Seehund, Schildkröte, Widder, Skorpion, Krake, Steinbock und sechs Fische

Warum wird der Neptunbrunnen von den Berlinern im Spaß auch Forkenbecken genannt?
Der Dreizack des Neptun erinnert an eine große Gabel, die man auch Forke nennen kann.

Finde das Taufbecken in der Marienkirche. Welche Tiere tragen es?
Vier geflügelte Drachen

Was sind Tartuffeln?
Kartoffeln

Wie kommt der Checkpoint Charlie zu seinem Namen?
Er ist nach dem internationalen Buchstabier-Alphabet benannt worden: Alpha für A, Bravo für B, Charlie für C. Nach dem Grenzübergängen Helmstedt-Marienborn (Alpha) und Dreilinden-Drewitz (Bravo) ist der Checkpoint Charlie der dritte von den Amerikanern kontrollierte Grenzübergang in und um Berlin.

Was bedeutet das Symbol Hammer und Sichel?
Das Symbol »Hammer und Sichel« bedeutet, dass die Arbeiter (Hammer) und die Bauern (Sichel) sich verbünden sollten. »Hammer und Sichel« ist eines der bekanntesten Symbole des Kommunismus. In der DDR wurde es sehr oft verwendet.

Warum wurde das Auto Trabant auch »Rennpappe« genannt?
Die Karosserie des Autos bestand aus Duroplast und war nicht sehr stabil. Besonders schnell fahren konnte es auch nicht. Daher der nicht ganz ernst gemeinte Spitzname.

Kannst du dir vorstellen, warum die Berliner für die Quadriga auch den Begriff »Retourkutsche« prägten?
»Retourkutsche« ist ein sprichwörtlicher Begriff. Damit meint man: Es jemandem heimzahlen, eine Beleidigung oder einen Vorwurf zurückgeben.

Die Quadriga ist ein Wagen, also eine Kutsche. Und sie kam zurück, also: retour (französisch für zurück). Mit der Rückkehr der Quadriga nach Berlin haben die Preußen es den Franzosen »heimgezahlt«.

Wie viele Stockwerke haben die Hochhäuser des Hansaviertels?
17 Stockwerke

Wie viele Glocken hängen im Turm der St. Ansgar-Kirche direkt gegenüber dem Grips-Theater?
3 Stück. Du kannst sie auch gut sehen, wenn du mit der S-Bahn vom Bahnhof Bellevue in Richtung Bahnhof Zoo fährst.

Das Flugzeug vor der Fassade des Museums ist eine Maschine vom Typ Douglas C-47 B »Skytrain«. Warum nannte man diese Flugzeuge auch Rosinenbomber?
So nannten die Berliner die Flugzeuge, die zur Zeit der Blockade Lebensmittel, Brennmaterial und Heizmittel nach Berlin brachten. Ein Pilot befestigte sogar Süßigkeiten für die Kinder an kleinen Fallschirmen und warf sie über Tempelhof ab. Kurz vorher, im Zweiten Weltkrieg, hatten die amerikanischen Flugzeuge noch Bomben über der Stadt abgeworfen. Das Verhältnis der West-Berliner zu den Amerikanern änderte sich: Im Krieg galten sie noch als Feinde, nun wurden sie als Freunde wahrgenommen.

Am Tauentzien gibt es eine Skulptur, die den Namen »Berlin« trägt. Wie sieht sie aus? Wie heißt sie und warum?
»Berlin« ist eine silbrige Skulptur aus großen, verschlungenen Röhren. Sie befindet sich auf dem Mittelstreifen des Tauentzien in der Nähe des KaDeWe. Sie wurde 1987 aufgestellt und sollte daran erinnern, dass die beiden Stadtteile Ost- und West-Berlin zwar getrennt, aber doch miteinander verbunden waren. Schon zwei Jahre später fiel überraschend die Mauer, Ost- und West-Berlin wurden wiedervereinigt.

Welche Spitznamen haben die Berliner den beiden Neubauten der Gedächtnis-Kirche, dem Turm und dem achteckigen Kirchengebäude, gegeben?
Der Turm wird Lippenstift, das achteckige Kirchengebäude daneben Puderdose genannt.

Was bezeichnet die chemische Formel H_2SO_4?
Schwefelsäure

Wen hat man in Berlin wohl spaßeshalber aufgrund seiner Erfindung einen »Säulenheiligen« und »Reklame-König« genannt?
Ernst Litfaß, den Erfinder der Litfaßsäule.

Was ist ein VEB?
Ein VEB wurde zu DDR-Zeiten ein volkseigener Betrieb genannt – d.h. er gehörte dem Volk.

Was soll der »Molecule Man« darstellen?
Er besteht aus drei Männern, die die drei Berliner Bezirke Kreuzberg, Treptow und Friedrichshain symbolisieren, die hier aneinandergrenzen. Kreuzberg lag in West-Berlin, Treptow und Friedrichshain in Ost-Berlin, dazwischen war die Mauer. Teilweise verlief die Grenze durch das Wasser. Nach der Wende konnten die Menschen wieder überall hingehen und sich begegnen. Außerdem sind alle Menschen aus Molekülen zusammengesetzt. Der amerikanische Bildhauer Jonathan Borofsky wollte daran erinnern, dass alle Menschen im Grunde gleich sind.

Finde die Namen Großgörschen, Großbeeren und Katzbach auf dem Denkmal. Was verbindet diese Namen?
Es sind die Namen von Orten, an denen große Schlachten gegen Napoleon stattfanden. Nach all diesen Orten wurden Straßen in Stadtteil Kreuzberg benannt. Andere wichtige Straßen tragen den Namen von Generälen aus dieser Zeit, z.B. Gneisenaustraße (August Wilhelm Anton Graf Neidhart von Gneisenau) und Yorckstraße (General Feldmarschall Ludwig Yorck von Wartenburg).

Was ist ein Schlafbursche?
Ein Untermieter, dem tagsüber ein Bett vermietet wurde. Das war praktisch für Schichtarbeiter, die nachts arbeiten mussten und tagsüber schlafen wollten. So konnte ein Bett rund um die Uhr genutzt werden.

Was ist mit »Berliner Rangen« gemeint?
In Berlin früher gebräuchliches Wort für übermütige, lebhafte und freche Kinder. Heinrich Zille hat sie gemalt.

Wem gehört das Bike?
Das steht hier einfach so rum.
Schau mal auf Seite 152 nach. Da sitzt der Besitzer des Bikes im Strandkorb und chillt.

Woher hat das Tempelhofer Feld seinen Namen?
Der Name Tempelhof weist darauf hin, dass die Ritter des Templer-Ordens hier um das Jahr 1200 eine Siedlung mit einer Burg gründeten.

Wie nennen die Berliner das Luftbrückendenkmal?
Weil es wie eine große Harke aussieht und an die Zeit des Hungers nach dem Krieg erinnert, haben sich die Berliner für das Denkmal den Namen »Hungerharke« ausgedacht.

Woher hat der Stadtbezirk Prenzlauer Berg seinen Namen?
Vor dem Prenzlauer Tor genannten Stadttor lag eine Anhöhe. Sie wurde Windmühlenberg genannt, weil hier im 19. Jahrhundert viele Windmühlen standen. Mit der Zeit änderte sich der Name in Prenzlauer Berg. Als die Stadt Berlin größer wurde und auch vor den Toren der Stadt gebaut wurde, baute man um den Berg herum viele Häuser. Das neue Stadtviertel wurde nach dem Prenzlauer Berg benannt. Heute steht hier der Wasserturm drauf.

Was ist ein Schultheiss?
In dem Begriff steckt das Wort Schulden. Ein Schultheiss hat im Mittelalter für seinen Landesherrn bei den Untergebenen Steuern und Abgaben eingetrieben. Die Namen Schultheiss, Schulte oder Schulze gehen darauf zurück.

Steige die Wendeltreppe im Juliusturm hoch. Von oben kannst du über die Zitadelle, die Havel und bis zur Innenstadt von Berlin schauen.
Wie viele Stufen musst du überwinden?
Es sind 153 Stufen.

Warum ist die Tartan-Bahn im Olympiastadion blau?
Blau und Weiß sind die Farben des Fußballvereins Hertha BSC.

Finde die alte Glocke auf dem Olympiagelände. Warum kann sie nicht mehr klingen?

Als die Glocke bei der Sprengung herunterfiel, bekam sie einen Sprung. Außerdem weist sie ein großes Einschussloch eines unbekannten Schützen auf!

Adressen

Anne-Frank-Zentrum
Rosenthaler Straße 39, 10178 Berlin,
Tel. 030.2 88 86 56 00, www.annefrank.de

Museum Blindenwerkstatt Otto Weidt
Rosenthaler Straße 39, 10178 Berlin,
www.blindes-vertrauen.de,
Tel. 030.28 59 94 07

Lesart
Weinmeisterstraße 5, 10178 Berlin,
Tel. 030.2 82 97 47, info@lesart.org

Kinderbad Monbijou
Oranienburgerstraße 78, 10178 Berlin,
Tel. 030.22 19 00 11,
www.berlinerbaeder.de

Berliner Fernsehturm
Panoramastr. 1A, 10178 Berlin-Mitte,
Tel. 030.2 47 57 50, www.tv-turm.de

Bowling am Alexanderplatz
Rathausstraße 5, 10178 Berlin,
Rathauspassagen, Tel. 030.2 42 66 57,
www.bowling-am-alex.de

Deiters
Rathausstraße 5, 10178 Berlin,
Tel. 02234.95 50 90, www.deiters.de

Marienkirche
Karl-Liebknecht-Str. 8, 10178 Berlin,
Tel. 030.24 75 95 10,
www.marienkirche-berlin.de

SEA LIFE und AquaDom
Spandauer Straße 3, 10178 Berlin,
Tel. 0180.6 66 69 01 01,
www.visitsealife.com

Berlin Dungeon
Spandauer Straße 2, 10178 Berlin,
Tel. 01806.25 55 44 ,
www.thedungeons.com/berlin

Weihnachtsmarkt am Roten Rathaus
Rathausstr. 15, 10178 Berlin-Mitte,
www.weihnachteninberlin.de

Staatsoper
Unter den Linden 7, 10117 Berlin-Mitte,
Tel. 030.20 35 42 40,
www.staatsoper-berlin.de

Humboldtforum
Unter den Linden 3, 10117 Berlin-Mitte,
Tel. 030.2 65 95 00,
www.humboldtforum.de

Mauermuseum am Checkpoint Charlie
Friedrichstraße 43-45, 10969 Berlin, Tel. 030.2 53 72 50, www.mauermuseum.de

Trabi-Museum
Zimmerstraße 14–15, 10969 Berlin, Tel. 030.30 20 10 30, www.trabi-museum.com

Asisi Panorama: Die Mauer
Friedrichstraße 205, 10117 Berlin, Tel. 030.69 58 08 61, www.asisi.de/panorama/die-mauer

Reichstag mit Kuppel
Platz der Republik 1, 11011 Berlin, Tel. 030.22 70, www.bundestag.de

Futurium
Alexanderufer 2, 10117 Berlin, Tel. 030.40 81 89 70, www.futurium.de

Grips Theater
Altonaer Straße 22, 10557 Berlin, Tel. 030.39 74 74 77, www.grips-theater.de

Panoramapunkt
Potsdamer Platz 1, 10785 Berlin, Tel. 030.25 93 70 80, www.panoramapunkt.de

Deutsches Technikmuseum
Trebbiner Str. 9, 10963 Berlin, Tel. 030.90 25 40, www.sdtb.de

Café Eule
Kleingartenkolonie auf dem Gleisdreieck, Westpark, Eingang Bülowstraße, 10963 Berlin, Tel. 0176.63 66 23 70

KaDeWe
Tauentzienstraße 21-24, 10789 Berlin, Tel. 030.2 12 10, www.kadewe.de

Kino Zoopalast
Hardenbergstraße 29A, 10623 Berlin, Tel. 01805.22 29 66, www.zoopalast-berlin.de

Zoologischer Garten
Hardenbergplatz 8, 10787 Berlin, Tel. 030.25 40 10, www.zoo-berlin.de

Aquarium
Budapester Str. 32, 10787 Berlin, Tel. 030.25 40 10, www.aquarium-berlin.de

Kantini im Bikini
Budapester Straße 38–50,10787 Berlin, Tel. 030.55 49 64 55, www.bikiniberlin.de

Metropoltheater
Nollendorfplatz 5, 10777 Berlin

Hotel Sachsenhof
Motzstraße 7, 10777 Berlin, Tel. 030.2 16 20 74, www.sachsenhof-hotel.de

Spreepark
Kiehnwerderallee 1-3, 12437 Berlin, Tel. 030.7 00 90 67 10, www.gruen-berlin.de/spreepark

Plansche
Dammweg 6, 1243 Berlin Treptow, Tel. 030.90 29 70

Archenhold Sternwarte
Alt-Treptow 1, 12435 Berlin, Tel. 030.42 18 45 10, www.planetarium.berlin

Figurentheater Grashüpfer
Puschkinallee 16a, 12435 Berlin, Tel. 030.53 69 51 50, www.theater-treptower-park.de

Restaurantschiff Klipper
Bulgarische Straße / Ecke Poetensteig, 12435 Berlin, Tel. 030.53 21 64 90, www.klipper-berlin1.jimdofree.com

Badeschiff
Eichenstraße 4, 12435 Berlin, Tel. 030.5 33 20 30, www.arena.berlin/veranstaltungsort/badeschiff

Restaurant Freischwimmer
Vor dem Schlesischen Tor 2, 10997 Berlin,Tel. 030.61 07 43 09, www.freischwimmer-berlin.com

Sarotti-Höfe | Hotel Sarotti-Höfe
Mehringdamm 53-57, 10961 Berlin, Tel. 030.6 00 36 80, www.hotel-sarottihoefe.de

Theater im Bergmannkiez
Kurt-Mühlenhaupt-Höfe, Fidicinstraße 40, 10965 Berlin, Tel. 030.95 59 71 89, www.theaterimbergmannkiez.de

Flughafen Tempelhof
Platz der Luftbrücke 5, 12101 Berlin, Tel. 030.2 00 03 74 00, www.thf-berlin.de

Fichtebunker
Fichtestraße 6, 10967 Berlin,
Tel. 030.49 91 05 17,
www.berliner-unterwelten.de

Wasserturm Prenzlauer Berg
Knaackstrasse 22, 10405 Berlin

Theater o. N.
Kollwitzstraße 53, 10405 Berlin,
Tel: 030.4 40 92 14, www.theater-on.de

Kulturbauerei
Schönhauser Allee 36, 10435 Berlin,
Tel. 030.44 35 21 70,
www.kulturbrauerei.de

Zitadelle Spandau
Am Juliusturm 64, 13599 Berlin,
Tel. 030.3 54 94 42 64,
Stadtgeschichtliche Museum Spandau,
Tel. 030.3 54 94 44 45,
www.zitadelle-berlin.de

Fledermauskeller
Am Juliusturm 64, 13599 Berlin,
Tel. 030.36 75 00 61, www.bat-ev.de

Theater Zitadelle
Am Juliusturm 64, 13599 Berlin,
www.theater-zitadelle.de

Abstecher Freilichtbühne Zitadelle
Am Juliusturm 62, 13599 Berlin,
Tel. 030.62 70 59 26,
www.berliner-kindertheater.de

Olympiastadion
Olympischer Platz 1, 14053 Berlin,
Tel. 030.28 01 81 19,
Email: tour@olympiastadion.berlin,
www.olympiastadion.berlin/de

Glockenturm
Am Glockenturm 1, 14053 Berlin,
Tel. 030.3 05 81 23,
www.glockenturm.de

Strandbad Wannsee
Wannseebadweg 25, 14129 Berlin,
Tel. 030.8 03 54 50,
www.berlinerbaeder.de/baeder/strand-bad-wannsee

Schiffsausflug nach Kladow
Kronprinzessinnenweg 5, 14109 Berlin,
Tel. 030.25 62 25 22

Dresden

Entdecke die sächsische Landeshauptstadt zusammen mit dem Dresdener Brückenmännchen.

Michael Bartsch, Tim Klinger
Dresden! Der Kinderstadtführer
160 Seiten; Klappenbroschur
mit Stadtplan und Illustrationen von
Nicole El Salamoni; vollfarbig;
€17,90; ISBN: 978-3-98140-455-5

Erfurt

Entdecke die Puffbohne, den Grund, warum es in Erfurt im Mittelalter überall nach Klo, gestunken hat und mehr; in elf spannenden Spaziergängen in und um Erfurt herum.

Bettina Baltschev, Tim Klinger
Erfurt! Der Kinderstadtführer
160 Seiten; Broschur; vollfarbig; €15,00
ISBN 978-3-98140-453-1

Kiel

Entdecke die Kieler Möwe und nordische Spezialitäten in der nördlichsten Großstadt Deutschlands.

Jochen Reiss, Tim Klinger
Kiel! Der Kinderstadtführer
192 Seiten; Klappenbroschur und
Illustrationen von Nicole El Salamoni;
vollfarbig; €17,90
ISBN: 978-3-98140-457-9

Leipzig

Entdecke die Kreativstadt im Wilden Osten mit 14 spannenden Spaziergängen, durch die Dich Leo Lipsi, der kleine Löwe, führt.

Martina Hefter, Tim Klinger, Sabine Weise
Leipzig! Der Kinderstadtführer
160 Seiten; Broschur; vollfarbig; €15,00
ISBN 978-3-98140-450-0

Saarbrücken

Entdecke Saarbrückens Geschichte, alte Gemäuer, Wehranlagen, geheime Wege und verwunschene Orte.

Ruth Rousselange, Tim Klinger
Saarbrücken! Der Kinderstadtführer
192 Seiten; Broschur; vollfarbig; €15,00
ISBN 978-3-98140-451-7

J.G. Seume Verlag

Der nahe Leipzig geborene Johann Gottfried Seume (1763-1810) war ein deutscher Schriftsteller und Dichter, vor allem aber war er Wanderer – nach Syrakus, innerhalb Deutschlands und nach Russland, Finnland und Schweden. Er war ein Grenzgänger zwischen Ländern, Zeiten und sozialen Klassen. Was er dabei erlebte, schrieb er auf: sozialkritisch, engagiert, konkret. Er scherte sich wenig an nationalen, politischen und sozialen Barrieren, wollte mit seinen Schriften Breschen in mentale Mauern schlagen.

Der nach J.G. Seume benannte Verlag sieht sich in dessen Tradition: Mit Büchern Einsichten vermitteln in unsere Natur, unsere Fähigkeiten und die sozialen Verhältnisse, in denen wir leben. Der Namensgeber als Wanderer zwischen den Welten, das heißt für uns: Mentale Grenzen überwinden – zwischen Ost- und Westdeutschen, zwischen Deutschen und Franzosen, Polen, Tschechen, zwischen sozialen Klassen und politischen Gruppierungen. Neugierig machen aufeinander, voneinander lernen, deutsche und europäische Identifikationsorte schaffen oder an sie erinnern.